Figures du Savoir : une série de monographies consacrées à un auteur – savant, philosophe, ancien, moderne – ayant contribué à la connaissance, ayant légué à la postérité un outil intellectuel susceptible d'être repris par n'importe quel sujet *pensant.*

Ni biographie, ni commentaire, ni débat, ni reprise mais *enseignement* : une exposition des contributions les plus importantes de l'auteur présenté, conceptions, notions, arguments, thèses, qui en font une *figure du savoir.*

Essai pédagogique : rendre accessible et vivante une pensée pour un lecteur non spécialiste d'aujourd'hui. La contextualiser pour montrer comment elle intervient dans un monde, comment sa façon de s'y poser et s'y distinguer entre en résonance avec les situations et les horizons de *notre* monde. La ramener à des schèmes extrêmement simples et immédiatement parlants pour l'expérience commune. La reconnaître à l'œuvre dans d'autres *lieux* disciplinaires ou d'autres époques culturelles.

En bref, introduire tous les éléments d'information susceptibles de montrer l'*actualité* de cette pensée, sans s'interdire d'indiquer les prolongements, critiques et contre-propositions qu'elle peut appeler aujourd'hui.

FIGURES DU SAVOIR

Collection fondée par Richard Zrehen,
dirigée par Corinne Enaudeau

DIOGÈNE
LE CYNIQUE

Dans la même collection

1. Jean-Michel Salanskis, *Heidegger.*
2. Richard Beardsworth, *Nietzsche.*
3. Patrick Landman, *Freud.*
4. Michel Paty, *Einstein.*
5. André Scala, *Spinoza.*
6. Charles Le Blanc, *Kierkegaard.*
7. Michel Paty, *D'Alembert.*
8. Gérard Haddad, *Maïmonide.*
9. Alberto Gualandi, *Deleuze.*
10. Jean-Michel Salanskis, *Husserl.*
11. Alain Vanier, *Lacan.*
12. Jean Lassègue, *Turing.*
13. Charles Lenay, *Darwin.*
14. Patrice Canivez, *Weil.*
15. François Schmitz, *Wittgenstein.*
16. Pierre Billouet, *Foucault.*
17. Alberto Gualandi, *Lyotard.*
18. Laurent Fedi, *Comte.*
19. Benoît Timmermans, *Hegel.*
20. Jean-Pierre Belna, *Cantor.*
21. Denis Lamour, *Flavius Josèphe.*
22. Ali Benmakhlouf, *Averroès.*
23. Francesco Paolo Adorno, *Pascal.*
24. Claudine Normand, *Saussure.*
25. Frédérique Ildefonse, *Les Stoïciens I.*
26. Sémir Badir, *Hjelmslev.*
27. Alexis Tadié, *Locke.*
28. François-David Sebbah, *Lévinas.*
29. Pierre Cassou-Noguès, *Hilbert.*
30. Denis Thouard, *Kant.*
31. Victor Rosenthal/Yves-Marie Visetti, *Köhler.*
32. Olivier Dekens, *Herder.*
33. Marco Panza, *Newton.*
34. Pierre Cassou-Noguès, *Gödel.*
35. Ali Benmakhlouf, *Russell.*
36. Francesco Paolo Adorno, *Arnauld.*
37. Clara Auvray-Assayas, *Cicéron.*
38. Paul Audi, *Michel Henry.*
39. Fabrice Colonna, *Ruyer.*
40. André Scala, *Berkeley.*
41. Nathalie Monnin, *Sartre.*
42. Ali Benmakhlouf, *Montaigne.*
43. Julie Giovacchini, *Épicure.*
44. Emmanuel Barot, *Lautman.*
45. Thomas Bénatouïl, *Les Stoïciens III. Musonius - Épictète - Marc Aurèle.*
46. Xavier Verley, *Poincaré.*
47. Jean-Michel Salanskis, *Derrida.*
48. Olivier Dekens, *Lévi-Strauss.*
49. Vincent Bontems, *Bachelard.*
50. Ronald Bonan, *Merleau-Ponty.*
51. Éric Pommier, *Jonas.*
52. Christophe Bouriau, *Schopenhauer.*
53. Hourya Benis Sinaceur, *Cavaillès.*
54. Frédéric Fruteau de Laclos, *Émile Meyerson*
55. Benoît Spinosa, *Hobbes*
56. Jean-Hugues Barthélémy, *Simondon*
57. Ronald Bonan, *Platon*
58. Christelle Veillard, *Les Stoïciens II*
59. Michel Olivier, *Quine*
60. Emmanuel Salanskis, *Nietzsche.*
61. Claire Schwartz, *Malebranche.*
62. Étienne Helmer, *Diogène le cynique.*
63. Claire Pagès, *Élias.*
64. Noemí Pizarroso López, *Ignace Meyerson.*
65. Frédéric Lelong, *Descartes.*
66. Gérald Sfez, *Strauss.*

Édition spéciale
pour le coffret Husserl-Heidegger :
Jean-Michel Salanskis,
Husserl-Heidegger.
Présentation – mots-clés

ÉTIENNE HELMER

DIOGÈNE LE CYNIQUE

Troisième tirage

LES BELLES LETTRES

2023

95, boulevard Raspail, 75006 Paris
www.lesbelleslettres.com

Premier tirage 2017

ISBN : 978-2-251-44656-1

Je dédie ce livre à mes étudiants de l'Université de Porto Rico.

Remerciements

Ce livre doit beaucoup aux travaux de deux chercheurs, Olimar Flores-Júnior et Frédéric Junqua, qui m'ont fait l'honneur de m'envoyer la version électronique de leurs thèses de doctorat respectives lors de la préparation de cet ouvrage. En montrant que la notion de simplicité est beaucoup plus centrale chez les cyniques que celle de nature, le premier a conforté par ses excellentes analyses ce que j'avais entrevu et exposé moi-même de manière beaucoup plus succincte et approximative dans mes courts travaux sur les cyniques. Le second a mis à ma disposition l'étude la plus complète et la traduction la plus fidèle des lettres cyniques qui existent à ce jour en langue française. Je ne saurais trop les remercier de m'avoir aidé à voir un autre Diogène, plus philosophe que celui que j'ai souvent rencontré ailleurs. Je remercie aussi très chaleureusement mon ami et collègue Raúl de Pablos Escalante pour m'avoir orienté dans l'abondante production nietzschéenne, alors que j'étais en quête de références à Diogène chez les philosophes modernes. Enfin, je remercie Anne pour tout et plus encore.

Abréviations et traductions utilisées

DL : Diogène Laërce, *Vies et doctrines des philosophes illustres*, suivi du numéro du livre en chiffres romains, puis du numéro du paragraphe en chiffres arabes. La traduction utilisée, modifiée par endroits, est celle de l'édition de M.-O. Goulet-Cazé (dir.), Paris, Librairie générale française, 1999.

L : *Lettres de cyniques*, suivi du numéro de la lettre et des initiales D ou C selon qu'il s'agit d'une lettre de Diogène ou d'une lettre de Cratès. La traduction utilisée, modifiée par endroits, est celle de F. Junqua, *Lettres de cyniques : étude des correspondances apocryphes de Diogène de Sinope et Cratès de Thèbes*. Thèse de doctorat soutenue en 2000, Université Paris-Sorbonne (Paris IV).

Introduction

Aux yeux d'une longue et persistante tradition interprétative, Diogène n'a rien d'un philosophe. Comment en effet pourrait-il en être un si, d'après les témoignages anciens, il crache au visage de l'un de ses hôtes, fait l'amour et se masturbe sur la place publique, éconduit Alexandre le Grand* [1] comme un importun, vole dans les temples pour vivre, et semble même faire l'apologie de l'inceste et de l'anthropophagie ? Ainsi pour l'historien de l'Antiquité Moses Finley,

> *Diogène était un philosophe avec très peu de philosophie, un prêcheur de vertu qui approuvait ce que la plupart des hommes nomment des vices, un contempteur et un destructeur, Socrate devenu fou. Dans sa quête de l'homme, il conduisit l'homme presque au*

1. Les astérisques (*) renvoient soit au glossaire soit aux notices biographiques en fin de volume, selon que le terme signalé est une notion ou un nom propre.

niveau des bêtes, et dans son extrême concentration sur la nature, il subordonna les intérêts éthiques aux besoins du corps, même s'il se serait défendu de ces deux critiques [1].

Ce paragraphe cinglant contient les trois reproches principaux que partagent, à des degrés divers, même ceux de ses exégètes qui prétendent brosser de lui un portrait plus favorable : Diogène aurait renoncé à la raison dans ce qu'elle a de raisonnable ; sa démarche serait uniquement critique et destructrice ; enfin, en falsifiant non seulement la monnaie de sa ville natale de Sinope – monnaie dont son père Hicésias était pourtant le responsable et le garant –, mais aussi les valeurs couramment admises dans les cités, il aurait appelé à s'affranchir des conventions* (*nomismata*) et à sortir de la civilisation pour revenir à un état de nature primitif, en faisant fi de toute considération éthique. Bref, Diogène serait tout le contraire d'un philosophe dans son acception la plus classique, à savoir un être humain qui, par l'examen rationnel des valeurs les plus hautes et des principes de toutes choses, guide l'action individuelle et collective vers le Bien. Au mieux – en réalité au pire –, on voit en lui un bouffon provocant, un contestataire exubérant dont le « cynique » au sens moderne, avec sa raison désenchantée, serait le dernier avatar.

Pourtant, à côté de ceux qui le discréditent ou s'en prennent à ses disciples ignorants, crasseux et paresseux, de nombreux témoignages anciens voient aussi en lui le détenteur d'une profonde sagesse et d'une authentique

1. M. I. Finley, *Aspects of Antiquity. Discoveries and Controversies*, New York, Viking Press, 1968, p. 94 (ma traduction).

philosophie, capable de déplacer et de réélaborer les grandes questions conceptuelles concernant l'homme et son rapport au monde, et vivant en accord avec ses principes. Diogène Laërce* – l'une de nos principales sources sur Diogène le cynique – le signale : faire le choix du cynisme, c'est opter pour « une *philosophie* et pas seulement, comme le pensent certains, [pour] un mode de vie » (DL VI, 103 ; je souligne). Qu'est-ce donc qui fait de Diogène un véritable philosophe ? Quelles raisons et surtout quel usage neuf de la raison le poussent à enfreindre les conventions sociales considérées comme les plus naturelles, à provoquer ses semblables au-delà de toute mesure, au risque de paraître avoir perdu la raison ? C'est la rationalité très singulière et le lien indissoluble du penser et de l'agir cyniques dans la version incarnée par Diogène que le présent ouvrage entend exposer, en soulignant le versant constructif, et pas seulement critique et destructeur, de sa pensée, notamment sur les plans éthiques et politiques. En mettant à nu le pouvoir aliénant de la raison ordinaire, marquée au coin des valeurs communes, Diogène indique des pistes pour que le seul animal doué du *logos* comprenne ce qu'être un homme veut *vraiment* dire et tente ainsi de le devenir, non pas dans un improbable retour en solitaire à l'état de nature, mais au milieu des hommes et avec eux [1]. Plutôt que le philosophe de la transgression et de l'ensauvagement auquel on le réduit trop souvent [2], Diogène est à la

1. Contrairement à ce que soutient M.-O. Goulet-Cazé dans *L'Ascèse cynique. Un commentaire de Diogène Laërce VI, 70-71*, Paris, Vrin, 1986, p. 59.

2. Par exemple M. Onfray, *Cynismes. Portrait du philosophe en chien*, [1990], Paris, Librairie générale française, 1992, p. 26, 38 et 69.

fois le philosophe de la démystification des chaînes de servitude qui nous dépossèdent du monde et de nous-mêmes, et celui de la reconquête individuelle et collective d'un rapport libre et simple à soi-même et au monde, qui n'implique aucun renoncement à la vie civilisée.

On sait peu de chose sur la vie de ce personnage au parfum de scandale, le partage des faits et de la légende étant en outre très difficile à faire. Il serait né à Sinope à la fin du Ve siècle (certains avancent la date de 412 av. J.-C.) et en aurait falsifié la monnaie, avec ou sans la complicité de son père Hicésias qui était le banquier de la cité. Hicésias aurait été emprisonné, tandis que Diogène se serait enfui ou aurait été exilé de Sinope à Athènes. Son éventuelle rencontre avec le philosophe Antisthène* (DL VI, 21), parfois considéré comme le père du cynisme, l'aurait alors convaincu de se dédier à la philosophie. Il aurait été vendu et acheté comme esclave à Corinthe dans des conditions mal connues, peut-être après avoir été fait prisonnier par l'armée de Philippe II de Macédoine* à la bataille de Chéronée en 338 av. J.-C. Ses rencontres avec Alexandre le Grand sont plus qu'incertaines. Plusieurs versions, enfin, circulent sur sa mort à Corinthe vers 327 av. J.-C. : il aurait été mordu par un chien, ou bien aurait mangé du poulpe cru, ou encore aurait retenu sa respiration. Les difficultés d'authentification de ces maigres données biographiques renvoient au problème plus général de l'interprétation des sources concernant Diogène et sa philosophie. La connaissance que nous avons de celle-ci ne repose que sur des témoignages. De son immense production littéraire et théorique (DL VI, 80), tout est perdu, excepté quelques fragments de sa *République* qui ne nous sont connus eux aussi que de façon indirecte. Or les témoignages concernant les cyniques en général et Diogène en particulier sont à prendre avec précaution, car ils sont presque toujours pris dans des perspectives interprétatives bien spécifiques. Celles-ci peuvent être hostiles, comme c'est le cas avec Philodème de Gadara* à propos de la *République* perdue de Diogène ; elles peuvent au contraire être édifiantes, comme chez Dion de Pruse* qui aplanit et affadit l'image des cyniques ; ou encore être contaminées par d'autres courants philosophiques – ainsi de Télès* avec le stoïcisme ; elles peuvent, enfin, être tributaires des idées personnelles de celui qui les présente, comme cela se produit parfois dans les chries* de Diogène Laërce, ces brèves anecdotes dans lesquelles il rapporte les paroles et les gestes de notre Diogène [1]. La même prudence est de mise à propos des *Lettres cyniques*, écrits pseudépigraphes* rédigés sur près de trois siècles, du IIe siècle av. J.-C. au Ier siècle de notre ère. Leur statut de fiction ne doit pas conduire à les écarter pour autant, dans la mesure où elles présentent clairement des traits cyniques en accord avec des témoignages plus proches dans le temps, voire contemporains, de Diogène et de certains de ses disciples. L'important est de savoir déceler en elles les influences extérieures au cynisme proprement dit, et de prendre en compte la marque que la forme épistolaire imprime parfois à leur contenu. Les témoignages que nous exploiterons proviennent principalement de Diogène Laërce et des *Lettres cyniques*.

Quant au terme « cynique » – littéralement « qui ressemble au chien » – il est difficile de lui prêter une

1. Voir I. Gugliermina, *Diogène Laërce et le cynisme*, Villeneuve-d'Ascq, Presses universitaires du Septentrion, 2006, en particulier p. 216.

origine et une signification uniques. Il se comprend plutôt dans une constellation d'au moins trois références. La première, factuelle, renvoie à Antisthène. Celui qui aurait été le maître de Diogène – peut-être pas directement mais par ses livres [1] –, et que certains considèrent comme le père du cynisme [2], aurait enseigné dans un gymnase portant le nom de Cynosarges, littéralement le « chien rapide », « agile » ou « brillant » selon les traductions. Il était situé hors des murs d'Athènes et réservé à ceux qui ne pouvaient avoir le statut de citoyens parce qu'ils étaient nés d'une union libre entre Athéniens, ou bien d'une relation adultère, ou d'une relation entre un citoyen athénien et une esclave ou une prostituée, ou encore entre un Athénien et une étrangère [3]. Cette origine supposée du terme confère ainsi à la pensée de Diogène et de ses épigones une signification politique suggestive pour des oreilles modernes, et sur laquelle nous reviendrons dans le dernier chapitre de cet ouvrage : la philosophie cynique accorde à la marginalité une place centrale, et fait de l'exclusion sociale et politique un point de vue de vérité sur le monde. La seconde hypothèse concernant l'origine de la référence au chien est à chercher chez Platon. Dans la *République*, celui-ci

1. Voir M.-O. Goulet-Cazé, « Le cynisme ancien et la sexualité », *Clio. Histoire, femmes et sociétés* [En ligne], n°22, 2005, mis en ligne le 1er décembre 2007. URL : http://clio.revues.org/1725 ; DOI : 10.4000/clio.1725

2. Sur cette question débattue, voir la synthèse de I. Gugliermina, *op. cit.*, p. 11, note 10.

3. Voir M.-F. Billot, « Antisthène et le Cynosarges dans l'Athènes des Ve et IVe siècles », dans Goulet-Cazé M.-O., Goulet R. (dir.), *Le Cynisme ancien et ses prolongements*, Paris, Puf, 1993, p. 69-116.

compare le naturel des futurs gardiens de sa cité juste à celui de bons chiens de garde, capables de discerner les amis des ennemis de la cité et d'agir en conséquence. Mais de métaphore chez Platon, le chien devient chez Diogène un instrument critique permettant de s'interroger sur le véritable critère de la différence anthropologique, sur ce qu'est vraiment l'homme. Enfin, et par là, la ressemblance de Diogène avec le chien s'inscrit dans le double jeu de la perception que les hommes ordinaires ont de lui – « chien » étant l'insulte qu'ils lui adressent en raison de sa conduite impudique – et de la réappropriation en acte par Diogène de cette insulte pour décentrer l'image qu'ils se font d'eux-mêmes et de l'homme en général. Ils lui jettent des os ? Il leur pisse dessus (DL VI, 46). Ils aboient sur lui ? Il les mord par ses questions et ses attitudes.

Pour cerner la singularité de ce philosophe et de sa démarche, le premier chapitre de ce livre exposera les modalités bien particulières du philosopher cynique tel que Diogène les conçoit et les met en œuvre. Au lieu d'élaborer une théorie philosophique articulée sur des principes logiques et métaphysiques explicites – comme le font Platon, Antisthène ou les stoïciens –, Diogène fait de son corps l'agent et le lieu central de sa pratique philosophique et n'use le plus souvent de la parole que sous la forme d'un bref franc-parler* (*parrhèsia*). Par cet usage conjoint du corps et de la parole, Diogène scelle l'étroite union de la pensée et de l'agir et fait de la philosophie un acte dont l'effectivité est centrée sur le présent. Exposer la philosophie de Diogène, c'est donc moins définir des concepts et des chaînes de raisons que décrire et interpréter les anecdotes rapportées dans les chries, en analysant leur fin ciselage rhétorique et en montrant comment, à même des situations chaque fois particulières mettant en jeu des thèmes ou des concepts philosophiques classiques, se jouent toujours à la fois un déplacement critique des points de vue les plus admis et la construction d'une position neuve à valeur universelle.

L'étude des modalités spécifiques du philosopher de Diogène est un préalable indispensable à la compréhension des aspects éthiques et politiques de sa pensée. Les premiers, présentés dans le deuxième chapitre, portent principalement sur les valeurs de liberté* et de simplicité*. Face à l'emprise de la Fortune* sur nos vies, face à l'ensemble des valeurs, des représentations et des institutions d'origine sociale qui nous éloignent de nous-mêmes et nous asservissent en multipliant les médiations en tous genres entre nos désirs et leur satisfaction, la philosophie de Diogène se présente comme un contre-pouvoir libérateur. Par un travail d'ascèse* psychologique et physique, elle offre les moyens de parer aux coups de la Fortune en s'en réappropriant l'initiative, de démystifier ces valeurs et ces institutions asservissantes, et de réduire ces médiations aliénantes au profit d'une vie autarcique ou autosuffisante* parce que simple et frugale.

Cette puissance critique et libératoire du versant éthique de la pensée de Diogène vaut également pour sa dimension politique, souvent négligée ou niée, et qu'on abordera dans le troisième chapitre. À la violence qui trame l'ordinaire des rapports sociaux et que colportent en particulier les institutions économiques des cités, Diogène oppose une nouvelle pensée du commun fondée sur la vie simple, et qui implique une reconfiguration complète de ce que travailler, échanger et vivre ensemble veulent dire.

La radicalité théorique et pratique de la philosophie de Diogène n'a pas manqué de susciter l'intérêt d'un grand nombre de philosophes ultérieurs. Le quatrième et dernier chapitre présentera ainsi deux figures modernes et contemporaines de sa postérité dans l'histoire de la philosophie occidentale – Nietzsche et Foucault –, et évoquera aussi son actualité sociale, économique et politique sur les thèmes du pouvoir des « exclus » et de la décroissance.

Bien plus qu'un simple provocateur et qu'un critique iconoclaste, Diogène est avant tout le philosophe de la reconquête d'un rapport de proximité au monde et à soi-même, dont il fait le point d'ancrage d'une liberté et d'un bonheur pouvant nous rendre invulnérables. Pour le montrer, commençons par l'examen de ce qu'il entend par philosopher.

I

Philosopher comme un chien

Savoir pour vivre

Que signifie philosopher pour Diogène ? Le témoignage suivant permet à la fois de situer la philosophie dans la carte diogénienne des savoirs, de comprendre un trait essentiel de l'idée qu'il s'en fait et de cerner la difficulté d'être philosophe au sens où il l'entend :

> *Il disait que quand il voyait dans la vie* (en tôi biôi) *des pilotes, des médecins et des philosophes, il trouvait que l'homme était le plus intelligent des êtres vivants, mais qu'en revanche, quand il voyait des interprètes des songes, des devins et ceux qui les écoutent, ou encore les gens qui se font une gloire de la réputation ou de la richesse, il ne trouvait rien de plus vain qu'un homme. Il ne cessait de répéter que, si l'on veut être équipé pour*

vivre (eis ton bion), *il faut la raison* (logon) *ou une corde.* (DL VI, 24 ; trad. M.-O. Goulet-Cazé modifiée)

Avec le double geste de reprise et de déplacement qui caractérise son rapport à la tradition de la pensée grecque, Diogène évoque là un *topos* de la philosophie classique : l'ambivalence de l'animal humain selon qu'il use ou non de la raison, ou selon sa façon d'en user [1]. Mais il lui donne un sens neuf qui tient au critère par lequel il la jauge : l'ambivalence de l'homme ne se mesure pas selon lui au degré de cohérence interne de ses raisonnements ou de ses théories, mais au degré de conformité de sa vie avec ceux-ci. C'est, dit le texte, « dans la vie », ou « pour vivre » que la raison se prouve et s'éprouve, non dans le seul ordre des raisons et du discours. Aussi faut-il sans doute lire dans ce témoignage non une opposition entre disciplines rationnelles et disciplines irrationnelles, comme un esprit moderne serait tenté de le faire, mais une distinction entre deux sortes de savoirs rationnels tournés vers la maîtrise de la Fortune et la bonne direction de la vie, mais que sépare leur distance à la vie. L'interprétation des songes ou la divination sont en effet considérées à l'époque de

1. Par exemple Aristote, *Politiques* 1253a31-33 : « De même qu'un homme accompli [*i. e.* ce qui suppose qu'il use de sa raison] est le meilleur des animaux, de même aussi quand il a rompu avec la loi et la justice il est le pire de tous » ; et Platon, entre autres *Lois* VI, 765e-766a : « L'homme est sans doute, nous l'affirmons, un être apprivoisé ; néanmoins, si avec une bonne éducation et un naturel heureux, il devient d'ordinaire le plus divin et le plus doux de tous les êtres, faute d'une éducation suffisante et bien conduite, c'est le plus sauvage de tous ceux que la terre produit. »

Diogène comme de véritables savoirs, avec leur rationalité et leurs opérations intellectuelles propres [1]. Ce n'est donc pas leur défaut de rationalité qu'il met en cause, mais leur décalage chronologique et pratique avec la vie : par nature, ces savoirs ne sont pas contemporains des actes qu'ils rendent possibles, ils les précèdent. Ce sont, en ce sens très précis, des arts du futur : l'interprétation des songes et la lecture des signes divins sont nécessairement antérieures et séparées des actions qu'elles permettent d'entreprendre pour orienter l'existence. Elles ne se traduisent pas immédiatement dans la pratique et n'indiquent pas toujours la voie à suivre : elles posent seulement les bases d'une action future qui reste à concevoir et à entreprendre. Au contraire, la réflexion à l'œuvre dans le pilotage et dans la médecine se traduit immédiatement dans la pratique qui correspond à chacune de ces deux disciplines. Ce sont, de ce point de vue, des arts du présent : le pilote met en œuvre son savoir dans l'expérience même de la navigation, le médecin dans le traitement qu'il prescrit à son patient. Il n'y a alors nulle césure, ni chronologique ni pratique, mais une simultanéité qui signale la dimension tout ensemble théorique et pratique de ces savoirs.

Pour Diogène, la philosophie leur est apparentée : penser et parler en philosophe, c'est en même temps vivre en philosophe. Ou plutôt ce devrait être le cas. Car si Diogène expose là l'idée qu'il se fait – et, on va le voir, qu'il pratique – de la philosophie, les autres philosophes se caractérisent à ses yeux par une nette incohérence entre leur pensée et leur manière de vivre. Ce défaut ne

1. Voir J.-P. Vernant (éd.), *Divination et Rationalité*, Paris, Seuil, 1974.

leur est pas propre. Diogène le repère aussi et d'abord chez la plupart de ceux qui détiennent un savoir organisé et enseignable – grammairiens, musiciens, mathématiciens et orateurs – quand ils sont incapables de rapporter ce savoir à leur propre vie pour la penser et l'améliorer (DL VI, 27-28). Diogène ne condamne pas ces savoirs en eux-mêmes, et l'on ne saurait l'accuser d'anti-intellectualisme : il n'y a chez lui nul mépris des livres, ni mépris des sciences [1]. Ainsi, lorsqu'il s'adresse à Hégésias (DL VI, 48), il ne condamne pas l'ascèse exposée dans les livres comme étant inutile ou fausse, mais l'idée erronée qu'Hégésias se fait de l'usage (*khrèsai*) du livre comme substitut de la pratique. Que l'interlocuteur de Diogène soit nommé dans cette chrie montre que ce reproche sur le livre est ciblé et n'implique aucun mépris des livres en général, et ce, d'autant moins que Diogène, lui-même auteur de très nombreux écrits (DL VI, 80), les aurait utilisés pour éduquer les enfants de Xéniade* dont il était l'esclave (DL VI, 31). De même, il ne méprise pas les sciences ou les disciplines traditionnelles du savoir – « la musique, la géométrie, l'astronomie et les autres sciences du même ordre » (DL VI, 73) –, mais les « néglige » (*amelein*, DL VI, 73) parce qu'elles ne lui sont plus utiles pour devenir sage. Ce que Diogène critique chez la plupart de ceux qui détiennent une science, c'est bien plutôt, répétons-le, la distance que le mauvais usage qu'ils en font creuse entre leur raison et leur vie, au point

1. Contrairement à ce que soutiennent S.-P. Chevarie-Cossette, « Tonneau percé, tonneau habité. Calliclès et Diogène : les leçons rivales de la nature », *Philosophie antique* 15, 2015, p. 173 ; et J.-M. Meilland, « L'anti-intellectualisme de Diogène le Cynique », *Revue de théologie et de philosophie* 115, 1983, p. 233-246.

de leur rendre cette dernière étrangère à eux-mêmes. Pour ne prendre que l'exemple des musiciens, « il s'étonnait [...] de les voir accorder les cordes de leurs lyres mais laisser désaccordées les dispositions de leur âme » (DL VI, 27). Sous un mode moins savant mais analogue, une telle incohérence frappe aussi beaucoup d'hommes sans qu'ils s'en aperçoivent, par exemple lorsque, dans l'acte rituel accompagnant une croyance religieuse, le souci du bien pour soi-même se traduit par la réalisation d'un mal pour soi-même : ainsi, « il était hors de lui quand les gens sacrifiaient aux dieux pour leur santé et, au cours même du sacrifice, mangeaient au détriment de cette même santé » (DL VI, 28). Dans cette réflexion sur l'articulation de la théorie et de la pratique, le cas de la philosophie prend bien sûr un relief particulier puisque c'est en philosophe que Diogène pense et vit, et que c'est en philosophe qu'il enseigne dans la cité le moyen de vivre libre et heureux. Les critiques répétées qu'il adresse à Platon permettent de mieux saisir en quoi son idée et sa pratique de la philosophie se démarquent de celles de ses contemporains et de ses prédécesseurs.

Contre Platon

Platon représente pour Diogène le paradigme du philosophe dont la pensée n'est pas tant fausse que vaine, à la fois parce que Platon lui-même se montre incapable de vivre en accord avec les conclusions morales auxquelles il aboutit, et parce que, dans sa méthode comme dans ses hypothèses fondamentales, sa philosophie éloigne des fins éthiques que sont le bonheur et la liberté. Aussi n'est-ce pas en pointant dans l'œuvre de

Platon des contradictions logiques ou un déficit argumentatif que Diogène s'en prend à lui, mais par des remarques portant sur sa personne même et sur les conséquences éthiques de son encombrant appareil métaphysique et épistémologique.

Diogène dénonce dans les « cours » (*diatribèn*) de Platon une « perte de temps » (*katatribèn*) (DL VI, 24). Le terme *diatribè* désignant aussi bien le passe-temps amusant que le discours ou l'école philosophique, on peut certes y lire une référence à ce « jeu sérieux » qu'est la philosophie pour Platon (*Lois* III, 685a ; VI, 769a). Mais *diatribè* désigne aussi le temps gâché, perdu, synonyme en cela du terme *katatribèn* que Diogène utilise pour lui faire écho. Pourquoi un tel jugement ? Dans l'idée que le bonheur des individus et de la cité dépend étroitement du savoir le plus haut et le plus difficile qu'est la philosophie, Platon trace aux livres VI et VII de la *République* un chemin long et ardu pour passer de l'obscurité de l'opinion à la clarté de la connaissance philosophique, par un cursus disciplinaire complet faisant lui-même suite à plusieurs années de formation du caractère par la musique et la gymnastique.

Le reproche que Diogène adresse à Platon concernant la perte de temps ne fait toutefois pas uniquement référence aux bénéfices différés, et par là vains, de sa philosophie : il porte aussi sur la nature de l'activité philosophique telle que Platon la conçoit, c'est-à-dire sur sa conception du dialogue et de la dialectique. C'est ce que montre la chrie suivante :

> *Un jour Diogène demanda à Platon du vin, et en même temps aussi des figues sèches. Platon lui envoya toute une jarre de vin* (keramion holon). *Diogène lui dit :*

> *« Toi, si on te demandait combien font deux et deux, répondrais-tu vingt ? Ainsi, tu ne donnes pas en fonction de ce qui t'est demandé, pas plus que tu ne réponds à la question qui t'est posée. » Bref, il se moquait de Platon en disant qu'il parlait sans fin* (aperantologon). (DL VI, 26 ; trad. M.-O. Goulet-Cazé modifiée)

L'allusion à l'échange de questions et de réponses est une claire référence au dialogue socratique tel que Platon le met en scène dans ses propres œuvres. La critique de Diogène est radicale : Platon ne sait pas répondre aux questions qu'on lui pose, et il prétend pourtant écrire des dialogues philosophiques ! Pour Diogène, l'incohérence repérée dans la vie du philosophe – il donne plus qu'on ne lui demande – ne peut que se répercuter sur son œuvre : il y a tout lieu de croire, selon lui, que les réponses avancées par Platon dans ses Dialogues ne répondent pas aux questions que lui-même y pose par l'intermédiaire de ses personnages. D'où le reproche final qui – purement psychologique en apparence et puisé dans le registre comique : Platon n'est qu'un bavard – renvoie en réalité à ce lien étroit que Diogène établit entre une manière de penser et une manière d'agir. Platon « parle sans fin » puisque, tombant toujours à côté des questions qu'on lui pose dans la vie et sans doute de celles que lui-même soulève dans ses écrits, ses réponses ne peuvent que s'accumuler indéfiniment. Diogène, au contraire, à qui l'on pose également des questions – beaucoup viennent le consulter en philosophe (DL VI, 40 ; 46 ; 49) – répond toujours de façon brève, conduite à l'appui, afin de susciter la réflexion de son interlocuteur et de l'aider à changer le plus vite possible sa manière de voir et sa façon d'agir.

C'est à ce même Platon bavard que Diogène s'en prend dans une autre anecdote. Pour comique qu'elle soit, elle n'en touche pas moins aux principes méthodologiques, épistémologiques et ontologiques de la philosophie et de la dialectique telles que Platon les conçoit. Ce sont à la fois le procédé de division et l'hypothèse des Idées ou Formes intelligibles* qui sont visés :

> *Platon avait défini l'homme comme un animal bipède sans plumes, et la définition était réputée* (eudokimountos). *Diogène pluma un coq et l'amena à l'école de Platon : « Voilà, dit-il, l'homme de Platon ! »* (DL VI, 40 ; trad. M.-O. Goulet-Cazé modifiée)

Dans son dialogue intitulé le *Politique*, Platon recherche la définition de l'art politique et de son objet, et parvient en effet à cette définition de l'homme au terme d'un long parcours dialectique (*Politique* 266e). Ce à quoi s'oppose ici Diogène, en prenant sciemment au pied de la lettre ce qui n'est en réalité pour Platon lui-même qu'une étape provisoire dans un raisonnement beaucoup plus complexe sur la nature de l'art politique, n'est pas tant son erreur supposée dans sa définition de l'homme – l'anecdote n'évoque d'ailleurs ni le vrai ni le faux – que sa méthode, ses fondements philosophiques et la réputation usurpée qui les accompagne. La critique de la méthode, tout d'abord, vise les longues divisions platoniciennes en genres et en espèces selon les critères pertinents jusqu'à atteindre la définition recherchée. À quoi Diogène oppose l'immédiateté d'une expérience sensible, directement observable et dépourvue d'ambiguïté, exactement comme lorsqu'il réfute des démonstrations paradoxales qui le mèneraient à conclure qu'il a des cornes ou que le mouvement n'existe pas : il lui suffit de se toucher le front ou de se lever et de marcher pour contredire par l'expérience moins une conclusion évidemment fausse que l'usage abusif – Diogène lui-même recourt à des démonstrations (DL VI, 72) – d'un procédé démonstratif comme le syllogisme (DL VI, 38 et 39). Notons aussi que, par son efficacité démonstrative et sa dimension comique, ce poulet déplumé écorne l'aura dont Platon bénéficie dans sa propre école, Diogène démystifiant ainsi par la dérision l'une des plus hautes autorités de son temps dans le champ du savoir.

Cette critique de la méthode platonicienne s'adosse peut-être à une théorie du langage dont Diogène emprunterait les grandes lignes à Antisthène. Ce dernier en effet semble avoir rejeté l'usage prédicatif du discours au profit du seul « discours propre » (*oikeios logos*), c'est-à-dire d'un discours définitionnel qui, unique pour chaque chose, en manifesterait l'essence ou la rendrait évidente (DL VI, 3) sans pour autant pouvoir la signifier, c'est-à-dire sans pouvoir en dérouler les attributs essentiels et secondaires. Selon cette théorie, les mots, en particulier les noms, ne peuvent désigner que ce qu'un geste déictique vient soutenir de sa visée, comme ce « voilà l'homme » prononcé par Diogène à l'adresse des étudiants de Platon en pointant un poulet déplumé [1]. Une telle idée du langage rend dès lors impossible de dire

1. Voir A. Brancacci, *Antisthène. Le Discours propre*, Paris, Vrin, 2005, p. 205-212.

le faux, de contredire, et d'opposer deux discours sur le même objet : on ne peut tout au plus qu'énoncer le discours propre d'autre chose. Dans la chrie qui nous occupe, Diogène semble reprendre à son compte cet usage purement indicatif ou « monstratif » du langage, en coupant court à toute réfutation possible et en court-circuitant les longs détours de la dialectique platonicienne. On peut même voir dans la brèche, comique et effroyable à la fois, creusée entre le mot « homme » et ce poulet déplumé que Diogène lui fait désigner, une falsification plus générale de cette convention fondamentale qu'est le langage : en faisant vaciller le sens ordinaire des mots le temps d'un bref *happening* philosophique, Diogène met en évidence le rôle déterminant du langage sur notre pensée en même temps qu'il interroge sa valeur de vérité en le soupçonnant de trahison. Cependant, malgré cette éventuelle reprise des théories d'Antisthène, aucun témoignage n'indique que Diogène ait lui-même élaboré une réflexion conceptuelle détaillée à propos du langage. Ce silence théorique serait cohérent avec son idéal de simplicité entendu au sens de réduction des médiations entre un désir ou un projet et sa réalisation : loin de toute position anti-intellectualiste, Diogène ne retire plutôt des théories que ce qui lui est utile en vue de ses objectifs éthiques.

Il en va de même ensuite, semble-t-il, à propos des fondements ontologiques qui soutiennent cet usage du langage. La critique que Diogène adresse à Platon porte aussi en effet sur l'hypothèse des Idées ou Formes intelligibles, que ce dernier identifie à l'être au sens plein du terme. Or aussi bien l'anecdote du Gobelet ou de la Table en soi que Diogène dit à Platon ne pas voir (DL VI, 53), que celle du poulet déplumé et celle de l'Homme introuvable – « Ayant allumé une lanterne en plein jour, il dit : "Je cherche un Homme" » (DL VI, 41) – sont d'évidentes attaques à la plus célèbre des thèses ontologiques de Platon [1]. L'Homme selon Platon, soit l'Idée de l'Homme, unique, immatériel, distinct des cas empiriques censés participer* de lui, c'est pour Diogène, qui mime ici le prisonnier de la caverne de la *République*, une hypothèse sans fondement, puisque cet Homme n'est pas objet d'expérience. Néanmoins, là encore, aucun témoignage n'attribue à Diogène de théorie ontologique dûment articulée qui lui serait propre, et sur laquelle il fonderait cette critique envers l'hypothèse platonicienne des Formes intelligibles. Sa conception de l'être semble se limiter à celle du sens commun : l'être n'est que la multiplicité des êtres sensibles et particuliers observables dans l'expérience. Ce silence théorique doit sans doute être interprété de la même façon que celui observé à propos du langage : il traduit moins une lacune spéculative, un désintérêt foncier de Diogène pour l'abstraction ou un quelconque anti-intellectualisme de sa part, qu'il ne signale le déplacement auquel il soumet le critère de la pertinence d'une théorie, de sa vérité interne vers son usage et son efficacité éthiques. On peut certes se demander si un philosophe sans ontologie déclarée et sans pensée explicite du langage en est vraiment un. Tout dépend de ce que l'on entend par philosophie et de la part légitime qu'une pensée faite presque entièrement corps peut y jouer.

1. Telle est l'interprétation que J.-P. Dumont donne de cette chrie, « Des paradoxes à la philodoxie », *L'Âne* 37, 1989, p. 44-45 ; c'est aussi celle de L. Jerphagnon, *Histoire de la pensée*, Paris, Fayard, 2011, p. 190.

Quoi qu'il en soit, la critique que Diogène adresse à Platon ne se limite pas à ces aspects méthodologiques, épistémologiques et ontologiques. Le témoignage cité plus haut (DL VI, 26) porte aussi une lourde charge morale et politique, qui corrobore le reproche d'incohérence déjà signalé. En apportant à Diogène « toute une jarre de vin », alors que ce dernier demande simplement « du vin », Platon est incohérent avec l'importance technique, mais surtout éthique et politique qu'il accorde dans son œuvre à la notion de mesure, en particulier dans le *Politique* (283b-287b). En d'autres termes, il fait preuve de démesure. C'est son incapacité à estimer correctement les modestes besoins de Diogène que ce dernier dénonce, et plus généralement, sa façon de les jauger à partir des siens propres, soit à partir de sa propre démesure. C'est sans doute en ce sens qu'il faut comprendre l'anecdote où Diogène, proposant des figues sèches à Platon, lui reproche de les « dévorer » (*kataphagein*) au lieu d'en avoir sa part ou de les partager (*metaskhein*) (DL VI, 25) : en jouant sur les sens du verbe *metaskhein*, qui signifie « partager » mais aussi « participer » et que Platon emploie pour évoquer la façon dont la multiplicité sensible est liée aux Formes intelligibles, Diogène critique d'un seul et même geste les appétits démesurés de Platon et les soubassements métaphysiques de sa philosophie. Le reproche peut en effet signifier soit que Platon ne « participe » pas de sa propre philosophie, soit que ces soubassements métaphysiques sont eux-mêmes démesurés et mettent Platon à distance des principes éthiques sur lesquels il prétend fonder sa propre vie. Pour Diogène, Platon a donc quelque chose de la figure psychologique et politique du tyran que pourtant il critique dans ses propres écrits, à savoir ce type d'âme asservie à ses appétits les plus immédiats et les plus sensibles, et qui instrumentalise la raison dans le seul but de les satisfaire. Diogène le montre clairement lorsqu'il réécrit l'histoire des rapports entre Platon et le tyran Denys de Syracuse*. Tandis que Platon explique dans la *Lettre* 7 qu'il espérait rendre ce tyran philosophe pour voir se réaliser la cité juste fondée sur l'alliance de la philosophie et du pouvoir (326a-b ; 328b-c), Diogène démasque en Platon un courtisan, esclave de Denys parce que esclave de ses propres appétits :

> *Platon, à la vue de Diogène occupé à laver des légumes, s'approcha et lui dit tranquillement : « Si tu étais au service de Denys, tu ne laverais pas des légumes. » Ce à quoi Diogène répliqua tout aussi tranquillement : « Et toi, si tu lavais des légumes, tu ne serais pas au service de Denys. »* (DL VI, 58 ; trad. M.-O. Goulet-Cazé modifiée)

Le diptyque est on ne peut plus clair : Platon, contrairement à ce qu'il avance dans ses textes, a choisi la soumission au tyran pour combler ses appétits les plus bas dans le refus de tout effort, tandis que Diogène a choisi la liberté, dont le prix est la simplicité des besoins et, on le verra, une certaine ascèse. Platon n'est donc qu'un mendiant qui tente de sauver les apparences (DL VI, 67) en se retranchant derrière la façade morale convenable exposée dans ses œuvres.

Sur tous ces points, la pensée de Diogène se présente donc comme un antiplatonisme qui, en tâchant de rendre plus immédiate l'approche philosophique de la vie dans sa dimension éthique, vise à garantir la cohérence de la pensée et de l'agir. Reste à voir comment

Diogène pratique lui-même la philosophie pour atteindre ce but.

De la philosophie en situation à l'usage des chries

Diogène philosophe en situation : plutôt que de poser les questions philosophiques en dehors ou à distance de l'événement qui les suscite, à l'écart de la cité ou « enfermé seul dans [son] poêle » comme Descartes [1], c'est dans le temps et l'espace chaque fois singuliers de l'événement lui-même que Diogène pense, au moyen de paroles et/ou de diverses modalités de l'agir, selon ce que la particularité de la situation exige. Les mots et les actes de Diogène tâchent d'épouser le plus possible le contexte bien spécifique qui les fait naître. La diversité des chries présentées par Diogène Laërce le montre bien. On peut les classer en trois groupes selon le degré d'urgence, de contrainte et de particularité du contexte. Certaines, assez rares, rapportent une parole ou une attitude récurrentes de Diogène en dehors de tout contexte : par exemple, « il disait qu'il imitait les maîtres de chœur. Ceux-ci en effet entonnent un ton plus haut afin que les autres trouvent le ton juste » (DL VI, 35). D'autres, un peu plus nombreuses, se comprennent par rapport à un contexte qui s'est présenté au moins une fois et a acquis une valeur générale, ce qui explique leur tournure gnomique : « Il fut le premier, aux dires de certains, à plier en deux son manteau parce qu'il était contraint de s'en envelopper

1. Descartes, *Discours de la méthode*, Deuxième Partie.

pour dormir [...] » (DL VI, 22) ; « Il savait fort bien manifester envers autrui de l'arrogance. L'école d'Euclide, il l'appelait "bile" [...] » (DL VI, 24) ; « Il avait coutume de dire que les malheurs de la tragédie s'étaient abattus sur lui, parce qu'il était "sans cité, sans maison, privé de patrie, mendiant, vagabond, vivant au jour le jour" » (DL VI, 38). D'autres chries enfin, les plus nombreuses, présentent un Diogène aux prises avec le réel dans ce qu'il a de plus divers, de plus immédiat ou de plus urgent, de plus soumis au caractère imprévu et changeant de la Fortune. En voici quelques exemples : « Un jour qu'Antisthène avait levé son bâton sur lui [...] » (DL VI, 21) ; « Étant tombé malade [...] » (DL VI, 23) ; « Alors qu'il avait demandé par lettre à quelqu'un de lui prévoir une petite maison et que la personne tardait [...] » (DL VI, 23) ; « Un jour qu'il avait remarqué dans un somptueux banquet Platon qui mangeait des olives [...] » (DL VI, 25) ; « Un jour qu'il marchait sur les tapis de Platon [...] » (DL VI, 26) ; « Un jour qu'il parlait sérieusement et que personne ne s'approchait [...] » (DL VI, 27) ; « [...] prisonnier et mis en vente, il se vit demander [...] » (DL VI, 29) ; « Quelqu'un l'ayant fait entrer dans une demeure magnifique et lui interdisant de cracher [...] » (DL VI, 32) ; « Invité à un repas [...] » (DL VI, 34) ; « Ayant vu un jour un jeune enfant qui buvait dans ses mains [...] » (DL VI, 37) ; « Devant les souris qui couraient sur la table, il dit [...] » (DL VI, 40) ; etc. Cette liste qu'on pourrait allonger témoigne de la diversité des situations dans lesquelles la philosophie de Diogène est convoquée, et augure aussi l'inventivité de ses réponses.

Que Diogène prenne acte de la particularité des situations ne fait pas pour autant de lui une girouette ou un penseur incohérent. Les contradictions qu'on peut observer entre certaines chries ne sont qu'apparentes. Par exemple, d'un côté, « [c]omme on lui demandait si les sages mangent des gâteaux (*plakounta*), il répondit : "De toutes sortes, comme les autres hommes" » (DL VI, 56) ; mais de l'autre, « [i]l répétait à cor et à cri que la vie accordée aux hommes par les dieux est facile, mais que cette facilité leur échappe, car ils recherchent gâteaux de miel, parfums et autres raffinements du même genre » (DL VI, 44) et « [t]andis qu'il mangeait des olives, on lui apporta un gâteau (*plakountos*). Il lança l'olive et dit : "Étranger, cède le passage aux tyrans ! [1]" » (DL VI, 55). Ou encore, d'un côté, il cite les poètes (DL VI, 38 ; 53 ; 55 ; 57), fait apprendre par cœur des passages de poètes aux enfants de son maître Xéniade pour les éduquer (DL VI, 31), et fait même l'éloge d'un « joueur de cithare costaud, déprécié par tous [...] » (DL VI, 47) ; mais d'un autre côté, « il négligeait la musique [2] [...] qu'il jugeait inutile et non nécessaire » (DL VI, 73). Une étude minutieuse de ces témoignages révèle qu'ils n'illustrent jamais l'application aveugle de principes dogmatiques à des cas dont la singularité aurait été gommée. Au contraire, y est toujours à l'œuvre l'adaptation aux cas singuliers des principes éthiques directeurs de Diogène – son idée de la liberté fondée sur l'autosuffisance individuelle et la simplicité, son souci de la vertu et de l'ascèse, la préférence pour le proche et le plus immédiat. Le premier groupe d'anecdotes porte sur la consommation de gâteaux dans laquelle Diogène perçoit une source

1. Euripide, *Phéniciennes* 40.

2. La « musique » pour les Grecs comprend tous les arts auxquels président les Muses, dont la poésie et ce que nous appelons aujourd'hui musique.

possible d'asservissement et d'éloignement du bonheur : pas seulement en raison des troubles de santé que les abus gastronomiques peuvent occasionner – même si Diogène est aussi attentif à cet aspect des choses –, mais surtout parce que la proximité et l'immédiateté anthropologiques du besoin de se nourrir, et le plaisir qui lui est lié, le désignent aussi bien aux tyrannies de toutes sortes qu'à l'ascèse et à la maîtrise de soi. Or les réponses variées de Diogène indiquent la différence qui sépare le sage des autres hommes sur cette question : si le sage mange en effet ce que mangent aussi les autres hommes, il ne le mange pourtant pas comme eux, parce que, conscient de la « tyrannie » dont le plaisir culinaire peut être la source, il ne s'y laisse pas prendre. La chrie VI, 55 montre bien comment un événement extérieur, un coup de la Fortune – tandis qu'il mange une olive survient un gâteau – peut toujours venir perturber l'ascèse et ébranler l'équilibre durement conquis entre le proche et le lointain, entre le propre et l'étranger. Sous le contrôle éclairé de la raison, l'« étranger » peut prendre provisoirement la place du proche, du propre et du suffisant, la chrie posant la question de savoir s'il peut ou non se substituer définitivement à eux, sans plus solliciter le consentement conscient et maîtrisé de l'individu.

Le second groupe d'anecdotes justifie quant à lui une attitude et un jugement différenciés de Diogène envers la poésie et la musique en général, selon le degré d'avancement vers le bonheur cynique des personnes pratiquant ces arts. Les enfants de Xéniade, encore jeunes, ont besoin de connaître la poésie que Diogène leur enseigne : non pour y puiser des références morales, mais pour exercer leur mémoire et probablement aussi pour savoir, comme lui, faire un usage approprié de certains vers afin d'appréhender en cyniques des situations particulières. Le joueur de cithare costaud, lui, reçoit des éloges de sa part parce que, « tout en ayant cette corpulence, il joue de la cithare au lieu de faire le brigand » (DL VI, 47), bref pour sa vertu : ce n'est pas tant le fait qu'il pratique un instrument de musique que Diogène célèbre, mais le fait qu'il s'adonne à une activité moralement inoffensive au lieu de tirer parti d'un avantage physique à des fins coupables. Quant à Diogène lui-même, le fait qu'il néglige la musique ne signifie pas qu'il l'ignore, puisque précisément il cite les poètes, mais qu'il n'en a pas lui-même besoin pour être vertueux, heureux et libre : il a atteint le stade où l'usage d'un artefact ou d'un art pour devenir plus heureux n'est plus nécessaire.

Les chries ne sont donc pas incohérentes entre elles : elles ne paraissent telles que si l'on oublie qu'elles nous présentent un Diogène très attentif au détail des situations particulières. Pour décrire le contexte à l'origine de ses mots ou de ses gestes, maintes anecdotes commencent ainsi par indiquer qu'il « observe » (DL VI, 22, 45, 50, 57) ou qu'il « voit » (DL VI, 65 ; 67) quelque chose qui retient son attention. Ce talent d'observation des situations en apparence les plus triviales lui fournit aussi, par analogie ou comparaison, un cadre d'intelligibilité faisant ressortir les enjeux philosophiques de situations familières et pour cela importantes, mais qui, en raison de cette familiarité même, cessent en général de susciter notre étonnement et rendent au contraire l'attitude de Diogène surprenante alors qu'elle a la raison pour elle. Car si Diogène partage avec le Socrate du *Théétète* de Platon l'idée que la philosophie est fille de l'étonnement (« Iris est fille de Thaumas », dit Socrate, *Théétète* 155d), encore faut-il savoir sur quoi doit porter l'étonnement pour que celui-ci soit philosophique, c'est-à-dire pour qu'il nous rende le monde intelligible. Diogène aborde cette question lorsque, justement, il note que beaucoup d'hommes s'étonnent mal à propos, c'est-à-dire ne s'étonnent pas de ce qui l'étonne lui-même, à savoir le caractère irrationnel et servile de leur propre conduite et de leurs propres valeurs. Ainsi de ces badauds qui délaissent un orateur venu faire la démonstration de son talent, pour admirer Diogène en train de manger (DL VI, 48 ; voir aussi DL VI, 59). Aussi est-ce parfois à susciter leur étonnement et à le rediriger que s'emploie Diogène par ses mots et ses actes. C'est le cas avec Philippe II de Macédoine : ayant fait Diogène prisonnier après la bataille de Chéronée et lui ayant demandé qui il est, il reçoit une réponse – « l'espion de ton insatiable avidité » – qui provoque son étonnement (*thaumastheis*) et le conduit à relâcher Diogène (DL VI, 43)[1]. Mais plus que l'interlocuteur direct de Diogène, c'est surtout le lecteur qui, parce qu'il dispose de la distance nécessaire à l'intelligence des situations décrites dans les chries, peut *faire usage* de ces dernières – c'est aussi le sens du mot grec *khreia* – en comprenant le déplacement que Diogène fait subir à l'objet de l'étonnement. Lire correctement les chries, c'est éduquer notre capacité à nous étonner à propos, c'est-à-dire *pour les bonnes raisons*. Même quand le terme grec désignant l'étonnement en est absent, toutes les chries reposent sur ce mécanisme destiné à nous apprendre à bien nous étonner – qu'on songe aux attitudes scandaleuses de Diogène ou à ses répliques cinglantes.

1. Sur l'interprétation de cette chrie ambivalente, voir le chapitre III, p. 117-118.

L'efficacité de ces anecdotes, certes suspendue en dernière instance à l'attention du lecteur, n'en repose pas moins d'abord sur la parole inédite et l'agir incroyable que Diogène y met en scène. La cohérence forte qu'il revendique entre ses mots et ses actes explique que sa parole soit de part en part action, tout comme ses actes assument une fonction langagière, quoique non verbale, d'expression et de transmission d'un énoncé philosophique. C'est pourquoi il faut étudier ensemble ces formes et instruments de la vérité que sont les mots et le corps de Diogène.

Les mots et le corps de la vérité

Trois traits principaux caractérisent l'usage que Diogène fait de la parole et de son corps : son franc-parler (*parrhèsia*), qui est aussi un « franc-agir » ; son talent rhétorique d'inventivité, d'improvisation et de persuasion au moyen de répliques toujours courtes et de « performances » ponctuelles et ciblées ; son recours presque systématique dans ses mots comme dans ses actes au style « sérieux-comique » (*spoudaiogeloion*), très fréquent à l'époque notamment chez les auteurs de comédie.

La parrhèsia *par les mots*

Le franc-parler occupe une place prééminente dans l'échelle des valeurs de Diogène :

> *Comme on lui demandait ce qu'il y avait de plus beau chez les hommes, il répondit : le franc-parler*

(parrhèsia). *Entré dans la maison d'un professeur où il voyait de nombreuses statues des Muses et peu de disciples, il dit : « Si l'on compte les divinités, Maître, tu as beaucoup d'élèves ! » Il avait l'habitude de tout faire en public aussi bien les œuvres de Déméter que celles d'Aphrodite*[1]*, et il formulait des raisonnements par interrogation du style : « S'il n'y a rien de déplacé à déjeuner, il n'y a rien non plus à le faire sur la place publique. Or déjeuner n'est pas déplacé. Donc il n'est pas déplacé non plus de déjeuner sur la place publique. » Il se masturbait en public* (en tôi mesôi) *et disait : « Ah ! Si seulement en se frottant aussi le ventre, on pouvait calmer sa faim ! »* (DL VI, 69 ; trad. M.-O. Goulet-Cazé modifiée)

Ce témoignage appelle plusieurs commentaires. Tout d'abord, même si elle écarte les valeurs les plus couramment admises – la richesse, le pouvoir ou la gloire – la réponse de Diogène au début du passage n'est pas un éloge absolu du franc-parler : il ne dit pas que le franc-parler est ce qu'il y a de plus beau en soi mais « chez les hommes », êtres dont d'autres anecdotes montrent qu'ils sont moralement très ambivalents. Diogène valorise donc un instrument à la mesure de l'imperfection éthique des hommes et de l'inconstance de la Fortune. Ensuite, si le franc-parler concerne évidemment l'expression verbale, il ne s'y limite pas : il concerne aussi les attitudes corporelles de Diogène, ce que souligne le fait qu'au bon mot insolent adressé au professeur fait suite le scandale de certains actes accomplis en public. Son franc-parler est tout autant un franc-agir, tout comme

1. C'est-à-dire manger et faire l'amour.

son franc-agir est une manière de franc-parler, ce que souligne, en signe de sa grande cohérence, l'accompagnement des actes corporels par des mots, réflexions ou commentaires.

Commençons par l'aspect langagier de ce franc-parler, en rappelant les trois références auxquelles celui-ci renvoie à l'époque de Diogène. Il désigne d'abord ce droit de tout dire et en particulier de blâmer, que détenaient les citoyens de l'Athènes démocratique et qui était l'une des manifestations de leur liberté politique ; il désigne aussi la faculté aristocratique de dire la vérité et d'agir ouvertement, dont Aristote fait le trait propre du magnanime (*Éthique à Nicomaque* 1124b26-31) ; enfin, corollaire presque inévitable du droit de blâmer, il renvoie au mépris et parfois au manque de respect envers des individus, des institutions et des valeurs admises. De l'origine démocratique de la *parrhèsia*, Diogène ne retient que l'égalité que sa propre parole instaure entre tous ses interlocuteurs, du moins ceux qui sont défaillants. Tandis que le Socrate de Platon choisit scrupuleusement les siens et module son registre et le degré de complexité de ses arguments en fonction de leur naturel, Diogène parle à tous d'une même voix et signale par là sa philanthropie. Des anonymes qui viennent le consulter à Alexandre et à ses généraux en passant par des riches, des philosophes, des jeunes gens et des athlètes, Diogène s'adresse à des individus de diverses conditions, des deux sexes et de tous âges, avec toujours la même verve et la même intention de les mordre pour transformer leur manière de penser et d'agir. La *parrhèsia* de Diogène fait donc fond sur l'idée de l'égalité de tous, que résume ce face-à-face célèbre entre ces deux pôles extrêmes de la condition humaine : « Un jour qu'Alexandre se trouvait auprès de lui et lui disait : “Je suis Alexandre le Grand Roi”, Diogène dit : “Et moi, je suis Diogène le Chien” » (DL VI, 60). Mais cette égalité dans l’usage de la *parrhèsia* par Diogène ne se solde pas pour autant par l’indistinction de ses interlocuteurs. Elle n’est égalité qu’en raison de l’écart qui les sépare tous également de son idéal éthique, mais elle ne confond pas pour autant les individus : elle prend toujours acte de la singularité de chacun, le trait décoché par Diogène étant adapté à celui qui l’interroge ou qui se trouve devant lui, et à la situation particulière dans laquelle il se trouve – on l’a vu par exemple plus haut avec Platon ainsi qu’avec le musicien costaud loué parce qu’il pratique la musique.

Motivée et justifiée, comme le note Épictète*, par cet authentique souci philanthropique consistant à épier les hommes pour leur bien (*Entretiens* III, 22, 96), la *parrhèsia* de Diogène s’avère donc indissociablement un instrument de vérité et un instrument de pouvoir. Un instrument de vérité impliquant, selon l’expression de Michel Foucault, ce « courage de la vérité » qui se manifeste notamment lorsque Diogène, sans craindre les puissants ni céder aux menaces qu’ils brandissent parfois pour l’asservir et le faire taire, leur révèle leurs propres illusions [1] :

> *Comme Perdiccas [2] l’avait menacé, s’il ne se rendait pas auprès de lui, de le faire tuer, Diogène dit : « Le bel*

1. M. Foucault, *Le Courage de la vérité. Le gouvernement de soi et des autres*, vol. II, cours au Collège de France, 1984, Paris, EHESS/Gallimard/Seuil, 2009. Voir notre chapitre IV.

2. Perdiccas fut un général de Philippe puis d’Alexandre, et devint, à la mort de ce dernier, l’un des diadoques* régnant brièvement sur la Macédoine. Cette chrie est commentée aussi dans notre chapitre III, p. 116-117.

> *exploit ! Un scarabée ou une tarentule pourrait en faire autant.* » (DL VI, 44)

Comme souvent, le franc-parler de Diogène recourt ici à l'insulte, mais sous une forme indirecte visant à provoquer chez l'interlocuteur la confrontation entre ce qu'il croit être et ce qu'il est vraiment, entre ses valeurs et la véritable valeur de ses valeurs. Voici quelques exemples de ce procédé récurrent. En répondant à Philippe, qui l'interroge sur son identité après l'avoir fait prisonnier à Chéronée, qu'il est « l'espion de son insatiable avidité », Diogène non seulement se soustrait à sa condition de prisonnier en revendiquant une position de contrôle sur son adversaire – ce qui annule le pouvoir et la victoire de Philippe – mais il conduit aussi ce dernier à rapporter ses récentes conquêtes à sa propre ambition et à ses propres appétits, et à prendre la mesure de sa démesure (DL VI, 43). De même avec les individus ordinaires :

> *Comme quelqu'un lui reprochait un jour d'avoir falsifié la monnaie, il répliqua : « Il fut un temps où j'étais tel que tu es maintenant. Mais tel que je suis maintenant, toi tu ne le seras jamais.* » (DL VI, 56)

Ce que Diogène veut faire comprendre à son interlocuteur anonyme, c'est que la nature de son reproche rend sa parole illégitime et sans effet, puisqu'il croit encore à la valeur de la monnaie, à la convention la plus partagée dans la cité et dont Diogène s'est affranchi. Enfin, la chrie suivante est l'une de celles qui portent la charge la plus agressive, le geste accompagnant étroitement la parole :

Un jour il s'écria : « Holà des hommes ! » Tandis que des gens s'attroupaient, Diogène les frappa de son bâton en disant : « C'est des hommes que j'ai appelés, pas des ordures ! » (DL VI, 32)

On ne saurait conclure à la misanthropie de Diogène : ce passage ne propose pas une définition de l'être humain, mais la mise en situation d'un écart entre ce que le terme « homme » signifie pour Diogène et ce qu'il signifie pour la plupart des hommes, violemment sommés de s'interroger sur le sens des termes qu'ils emploient et sur ce qu'ils sont donc eux-mêmes. Le courage de la vérité dont fait preuve Diogène s'accompagne ainsi d'une violence de la vérité, qui ne vise pas seulement des individus particuliers ou l'être humain en général, mais aussi les cités avec leurs us et coutumes, par exemple lorsqu'il « déclare qu'il n'y a rien de déplacé à s'emparer d'une offrande dans un temple ou à goûter de la viande d'un animal, rien d'impie non plus à manger de la chair humaine » (DL VI, 72-73) [1]. Mais cette violence est légitime parce qu'elle n'est que méthodologique et ordonnée à un idéal éthique recevable. C'est pourquoi Diogène s'en fait l'exécutant auprès des autres, en paroles et en actes. Sans elle, ne saurait s'ouvrir dans les opinions et les valeurs les plus conventionnelles la brèche requise pour penser à l'endroit et prendre la route du bonheur et de la liberté. La *parrhèsia*, si brutale soit-elle [2], ne s'arrête donc jamais au seul choc d'un mot

1. Ces témoignages sont analysés en détail au chapitre III, p. 123-138, en particulier p. 137 à propos du cannibalisme.

2. Elle ne l'est pas toujours : l'éloge du cithariste qui ne vole pas alors qu'il aurait les moyens de le faire relève aussi de la *parrhèsia*.

provocant ni à l'insulte gratuite : en tendant à l'interlocuteur un miroir sans concession de ce qu'il est ou du monde qui l'entoure, elle vise à susciter chez lui un raisonnement destiné à le réveiller de ses illusions et à le faire sortir des impasses éthiques et politiques auxquelles ces illusions l'ont conduit.

Aussi la *parrhèsia* est-elle un instrument de pouvoir, en deux sens au moins. D'une part, en bousculant les valeurs admises, les us et coutumes et jusqu'au langage lui-même, elle ébranle l'édifice complexe des jeux de pouvoir dans la cité, fondé sur des servitudes multiples et le plus souvent inaperçues. D'autre part, dans la continuité de cette fonction démystificatrice, la *parrhèsia* met chacun en mesure de se réapproprier des manières d'agir et un usage du langage tournés vers la vérité, en vue du bonheur dans la liberté. Cette idée anti-démagogique du franc-parler fournit peut-être une clé pour comprendre les chries mettant en scène Démosthène*. Dans ses discours, l'immense orateur rappelle maintes fois l'importance du franc-parler, d'une parole civique ne dissimulant rien à ses concitoyens au nom de leur liberté collective [1]. C'est pourtant un Démosthène qui se cache que Diogène nous présente :

> *Il tomba un jour sur l'orateur Démosthène qui déjeunait dans une auberge. Comme celui-ci reculait au fond de l'auberge, Diogène lui dit : « Plus tu reculeras, et plus tu seras dans l'auberge ! »* (DL VI, 34)

L'incohérence qu'il pointe entre les mots et les actes de l'orateur, déjà repérée à propos de Platon pour

1. Entre autres références : *Sur l'organisation financière* 15 ; *Olynthiennes* III, 3 et 32 ; *Philippiques* II, 31 ; IV, 54.

d'autres raisons, est motivée par le fait que la *parrhèsia* de Démosthène est inaboutie ou imparfaite parce qu'elle est encore ordonnée aux valeurs de la cité, en particulier à cette idée de la pudeur qui voudrait que le personnage public ne fût pas vu en train de manger. À quoi Diogène oppose ouvertement le fait qu'il a faim pour justifier qu'il déjeune sur la place publique (DL VI, 58). Démosthène n'est donc pas à la hauteur du franc-parler dont il se réclame pourtant : ses mots ne restent que des mots. Ce passage permet de comprendre que si la *parrhèsia* de Diogène se déploie d'abord dans la dimension du langage verbal, elle la déborde pour engager l'ensemble du rapport du cynique à l'existence : faire preuve de *parrhèsia*, c'est vivre au grand jour, ne rien cacher en faisant de son corps aussi un instrument de vérité, ce qui bouscule forcément les frontières admises de la pudeur et de l'impudence.

La parrhèsia *par le corps*

C'est bien ce sens large de la *parrhèsia* qu'Épictète évoque dans son portrait des cyniques auquel Diogène sert de modèle :

> [Tandis que les] *autres hommes se mettent à l'abri de leurs murs et de leurs maisons et des ténèbres pour agir* [...], *le cynique* [...] *ne doit rien vouloir cacher de ce qui le concerne, sans quoi il a disparu, il a tué en lui le cynique, l'homme qui vit au grand jour, l'homme libre* [...]. (*Entretiens* III, 22, 14-16 ; trad. J. Souilhé et A. Jagu modifiée)

Signe et manifestation de la vérité de sa pensée, le corps de Diogène est un langage présenté à tous ceux qui vivent dans la cité, et dont la *parrhèsia* physique se déploie à trois niveaux. Le corps du cynique se présente d'abord dans son accoutrement caractéristique : le manteau simple (*tribôn*), le bâton et la besace, à quoi il faut ajouter pour les hommes le port long de la barbe et des cheveux. Adopter ce costume singulier – comme le fait Hipparchia*, l'épouse de Cratès*, qui abolit ainsi les repères conventionnels de la différence des genres (DL VI, 97) –, c'est entrer dans le mode de vie cynique (*kunikos bios*) et se signaler aux autres comme tel. Ce souci de visibilité est indispensable pour faire l'épreuve et la preuve de la vérité de l'idéal éthique et politique des cyniques. Pour comprendre l'origine de l'accoutrement de Diogène (DL VI, 22 et 23), il faut s'arrêter sur les premières lignes de la chrie VI, 22, qui précèdent l'énoncé des trois éléments du costume cynique :

> *C'est parce qu'il avait* [...] *vu une souris qui courait de tous côtés, sans chercher de lieu de repos, sans avoir peur de l'obscurité ni rien désirer de ce qui passe pour des sources de jouissance, que Diogène découvrit un remède aux difficultés dans lesquelles il se trouvait.* (DL VI, 22)

Ce que le spectacle de cette souris signale à Diogène, c'est son égale conduite en tous lieux, sans se soucier de leurs différences. Un tel comportement n'est peut-être pas à transposer tel quel dans l'ordre humain, car Diogène n'est pas indifférent aux lieux qu'il choisit. Il signifie bien plutôt, et d'abord, qu'entre les appétits de la souris et leur satisfaction, l'intervalle est presque nul : elle court où elle se trouve, où qu'elle se trouve. Ce comportement de l'animal illustre ainsi sur un mode analogique ce que pourrait être une vie humaine simple, caractérisée non seulement par la réduction des désirs, mais aussi et peut-être surtout, on le verra au chapitre II, par la réduction du nombre des médiations requises pour les satisfaire. C'est ce que confirment les raisons avancées par Diogène Laërce pour expliquer ce qui pousse notre Diogène à adopter son singulier costume. Peut-être d'origine lacédémonienne et crétoise, fait de laine grossière, le manteau simple est en général le vêtement des pauvres. Diogène se l'approprie en le pliant en deux [1] (DL VI, 22) « parce qu'il était contraint de s'en envelopper aussi pour dormir », par quoi il faut peut-être entendre, comme l'analogie avec la souris y invite, la recherche d'une économie de moyens : ainsi plié, ce manteau sert à la fois à se vêtir et à dormir parce qu'il protège mieux du froid, ce qui dispense ainsi Diogène d'avoir dans sa besace, ou de rechercher chaque soir, de quoi se couvrir pour dormir. De même avec le bâton, à propos duquel entrent en jeu à la fois une économie de moyens (comme avec le manteau plié), mais aussi un repositionnement actif par rapport à la Fortune, dont il s'agit de ressaisir les coups pour se les approprier et les convertir en leur contraire, à savoir en manifestation de notre liberté. De soutien nécessaire dans la maladie qu'il était, le bâton devient le support de sa besace (DL VI, 23). Enfin, dans cette besace, Diogène place « sa nourriture » : seul bagage de Diogène, elle figure ainsi une vie tout entière ramenée à son présent et à son futur immédiat, dans l'horizon restreint et par là libérateur de l'appétit individuel le plus vital qu'est la faim et des

1. C'est peut-être Antisthène qui serait à l'origine de cette pratique (DL VI, 13).

médiations les plus simples ou les plus courtes pour le satisfaire (DL VI, 22).

Pour indispensable qu'il soit, cet accoutrement reste ambigu : il n'est qu'une condition nécessaire mais non suffisante pour attester l'authenticité de l'engagement cynique dans son mode de vie. Car, comme le fait observer Épictète dans le cadre de la polémique de l'époque impériale visant à départager les cyniques authentiques des « parasites en faction devant les portes » (*Entretiens* III, 22, 80) [1], l'habit ne fait pas le cynique : encore faut-il « changer complètement de manière d'agir » et de penser (*Entretiens* III, 22, 13). C'est pourquoi le corps cynique doit aussi, ensuite, manifester et signifier l'intention philosophique présidant à l'adoption de son singulier accoutrement et prouvant qu'il n'est pas que d'apparat. Seule l'ascèse, à la fois psychique et corporelle (DL VI, 70), peut, dans son exercice comme dans son résultat, jouer ce rôle de témoin. On reviendra plus précisément au chapitre suivant sur la nature et la fonction de l'ascèse cynique dans la pensée éthique de Diogène, mais c'est ici sur sa démonstration publique à

1. La formule citée par Épictète est tirée de l'*Iliade* XXII, 69. Sur cette polémique, voir F. Junqua, *Lettres de cyniques : étude des correspondances apocryphes de Diogène de Sinope et Cratès de Thèbes*, thèse de doctorat (inédite) soutenue en 2000, Université Paris-Sorbonne (Paris IV), p. 147-148, 161-174 et 220 ; et, entre autres textes, Julien, *Contre les chiens ignorants*, 198a-b, et 200d-201a : « [...] il ne suffit pas à quiconque désire faire profession de cynisme d'adopter le manteau, la besace et le bâton et les cheveux longs, pour marcher hirsute et illettré, comme dans un village privé de boutique de coiffeur et d'école, mais il lui faut tenir pour attributs de la philosophie cynique la raison au lieu du bâton et la règle de vie au lieu de la besace. Le franc-parler (*parrhèsia*) est de mise quand on a d'abord démontré sa propre valeur. »

même le corps qu'il faut mettre l'accent. C'est encore une fois ce que note très bien Épictète :

> [Le cynique doit], *par ses qualités corporelles, prouver que la vie simple, frugale et en plein air ne détériore pas non plus son corps : « Vois, de cela aussi moi et mon corps sommes le témoin. » C'est ce que faisait Diogène : il allait, en effet, resplendissant, et par son corps même attirait l'attention de la foule.* (*Entretiens* III, 22, 87-88 ; trad. J. Souilhé et A. Jagu modifiée)

Le corps de Diogène témoigne de la vérité éthique qu'il entend diffuser à l'ensemble des hommes. Par ses gestes, ses attitudes et ses pratiques, il incarne à la fois ces principes fondamentaux que sont la simplicité et la liberté vertueuse, ainsi que sa *parrhèsia*. Le régime de vie frugal et l'endurance de Diogène, acquise à force d'épreuves involontaires et surtout volontaires comme se rouler dans le sable chaud en été ou embrasser des statues couvertes de neige en hiver (DL VI, 23), font de lui un émule d'Héraclès (DL VI, 71) et de son corps héroïque.

Enfin, le franc-agir de Diogène, qui est le franc-parler de son corps, ce sont bien sûr ses gestes « scandaleux » accomplis en public, ses performances ostentatoires et provocantes évoquées en DL VI, 69 que d'autres reproduiront, Cratès et Hipparchia notamment qui font l'amour en public (DL VI, 97). Transgressant les frontières admises du public et du privé, de l'intime et de l'ouvert, du décent et de l'indécent, il y a dans ces actes moins une abolition de ces frontières ou le choix d'un contraire sur l'autre – par exemple le public sur le privé – qu'une provocation à les repenser, analogue à celle que

Diogène aurait suscitée, sur le seul plan du discours, par les thèses de sa *République*, à propos de l'autorisation de l'inceste et du cannibalisme (DL VI, 73 ; voir notre chapitre III).

Excès, inventivité et improvisation : rhétorique et théâtralité

Comme les maîtres de chœur, Diogène joue donc toujours « un ton plus haut » en paroles comme en actes (DL VI, 35), c'est-à-dire toujours au-delà des frontières admises de l'excentricité, afin que les « autres trouvent le ton juste » : autrement dit pour que les auditeurs, les spectateurs et les interlocuteurs de Diogène ou encore les lecteurs de Diogène Laërce, soudain projetés sur le terrain de l'impensable, n'aient pour alternative que de s'en scandaliser ou de prendre de la distance pour saisir ce qu'il offre à penser. Dans les deux cas, l'efficacité de Diogène est toute théâtrale, l'excès ou la démesure – plus précisément le hors mesure – étant propres à la tragédie comme à la comédie. Cette efficacité dans la démonstration et la persuasion (DL VI, 75) tient, pour ce qui concerne le langage verbal, à une rhétorique bien affûtée faisant l'économie de longs discours et condensant en quelques mots une remarque toujours ajustée à la situation et à l'interlocuteur, ce que résume la remarque selon laquelle « Diogène visait bien (*eustokhôtatos*) dans ses reparties » (DL VI, 74 ; trad. M.-O. Goulet-Cazé modifiée). Ainsi, alors qu'il est à vendre comme esclave et qu'on lui demande ce qu'il sait faire, il répond qu'il sait « commander (*arkhein*) aux hommes », et poursuit en disant au crieur : « "Vends-moi à cet homme [Xéniade], il a besoin d'un maître" » (DL VI, 74 ; cf. DL VI, 29). En très peu de mots, tout est dit : la position de l'esclave et celle du maître sont inversées, non sur le plan du statut mais sur les plans éthique et politique. L'esclave statutaire, Diogène, se choisit son maître statutaire parce qu'il perçoit en lui un esclave moral, à savoir quelqu'un qui, ne se sachant pas esclave lui-même, a besoin d'être dirigé par un maître moral sachant le commander, c'est-à-dire l'aider à le conduire vers son bien. Finalement, c'est une réflexion sur le juste critère de la liberté qui est ouverte. Le « savoir bien viser » de Diogène n'est pas simple promptitude et drôlerie dans la repartie – ce qu'il est aussi –, mais avant tout extrême justesse dans la désignation et l'expression de l'enjeu philosophique d'une situation donnée ; ce qui suppose de sa part une inventivité et une improvisation constantes, par lesquelles il témoigne de son extrême attention à la particularité des événements et, par là, de sa préparation aux coups de la Fortune (DL VI, 63).

Loin des théories méandreuses de Platon dont Diogène a montré qu'elles étaient incohérentes avec sa vie, comme des copieux discours rhétoriques dont il pointe l'inefficacité persuasive – en deux occasions, il ravit à des orateurs l'attention de leurs auditeurs par un acte banal ou d'une drôlerie incongrue (DL VI, 48 ; 57) –, ce parler bref va de pair avec la concision de ses gestes ou de ses actes, que certaines chries évoquent. On songe, en termes d'économie gestuelle, à ce majeur qu'il tend à ceux qui lui demandent où se trouve Démosthène, et qu'il accompagne de cette formule : « Le démagogue des Athéniens, c'est lui » (DL VI, 34). Symbole du sexe masculin, ce doigt tendu dénonce à la fois l'inanité de la parole de Démosthène et son aveuglement politique d'homme public incapable de comprendre le véritable ressort de la vie de sa cité. Mais ce geste est aussi une fin de non-recevoir insultante que Diogène oppose à ses interlocuteurs, dans un geste de *parrhèsia* décalé qui doit les inviter à s'interroger eux-mêmes sur le bon usage de la rhétorique et de la *parrhèsia* à laquelle Démosthène prétend recourir comme personne. À ces gestes économiques font écho des mises en scène ou des performances elles-mêmes économes de moyens, ce qui les rend plus directement efficaces. Ainsi du coq déplumé qu'il exhibe à l'Académie, qu'on a évoqué plus haut (DL VI, 40 ; voir ci-dessus p. 32-33). C'est aussi le cas quand il se contente de se toucher le front pour réfuter ceux qui prétendent démontrer qu'il a des cornes (DL VI, 38), ou de se lever et de marcher pour répondre à ceux qui disent que le mouvement n'existe pas (DL VI, 39). À quoi s'ajoutent les anecdotes dans lesquelles, avec peu de moyens, Diogène déplace les critères de la honte : par exemple, à quelqu'un qui avait fait tomber son pain et avait honte de le ramasser, il donna une leçon en « mettant en laisse le goulot d'un vase et en le traînant jusqu'au [quartier du] Céramique » (DL VI, 35 ; voir aussi 36). Ces mises en scène ne sont pas la traduction d'une théorie séparée, elles sont une autre manière de théoriser, d'inscrire la théorie dans la matière même de l'existence.

C'est aussi au moyen de diverses sortes de jeux de mots, dont la critique adressée à l'enseignement de Platon (DL VI, 24) a donné un aperçu (voir ci-dessus p. 30), que Diogène fait entendre son parler bref. Certains d'entre eux font jouer un registre sexuel ou scatologique digne d'Aristophane* : ainsi, « ayant appris que l'adultère Didymôn avait été arrêté, il dit : "Il mérite d'être pendu par son nom" » (DL VI, 51), nom qui signifie « testicules »[1]. D'autres jeux de mots, dans l'esprit du raccourci théorique évoqué plus haut, concentrent et résument ce qu'une démonstration, en le dépliant, rendrait à la fois plus difficile à mémoriser et moins efficace pour persuader. Ainsi, « les infirmes (*anapèrous*), disait-il, ce ne sont ni les sourds ni les aveugles, mais ceux qui n'ont pas de besace (*pèran*) » (DL VI, 33) : la paronomase en grec entre « infirmes » et « besace » condense en peu de mots le renversement d'opinion que Diogène veut provoquer, et surtout la réflexion qu'il veut susciter sur ce qui nous est propre et ce qui ne l'est pas. Telle est aussi la fonction de ses plaisanteries : « Comme on lui demandait pourquoi l'or est jaune pâle, il dit : "Parce que beaucoup de gens complotent contre lui" » (DL VI, 51) ; ou encore à propos de la cité de Myndos : « Comme il avait vu que ses portes étaient grandes alors que la cité était petite, il dit : "Gens de Myndos, fermez vos portes sinon votre cité pourrait se sauver" » (DL VI, 57). En portant respectivement sur les notions de valeur et de mesure, ces plaisanteries invitent à de nécessaires méditations en prise directe avec la vie ordinaire.

L'économie de moyens rhétoriques est également perceptible dans le ton héroï-comique de Diogène, qui consiste dans la plupart des cas dans l'usage décalé qu'il fait de vers poétiques (DL VI, 38 ; 52 ; 53 ; 55 ; 57 ; 67). Ce décalage se produit entre le contexte d'origine de ces vers et celui où Diogène les convoque, prosaïque et immédiat, mais porteur d'enjeux importants et à notre portée,

1. Voir aussi en DL VI, 53 l'allusion sexuelle portée par le terme *doru* qui signifie « lance » et évoque aussi le sexe masculin. Voir également la chrie DL VI, 61 à propos de la ville de Tégée, évoquée plus bas p. 112.

ce que Diogène marque parfois par le changement d'un mot pour faire correspondre directement le vers à la situation. Ainsi, alors qu'il mange des olives et qu'on lui apporte des gâteaux, il dit : « "Il fouetta son olive" (*mastixen d'elaan*) » (DL VI, 55), subversion par homonymie du vers homérique « elle fouetta ses chevaux (*mastixen d'elaan*) » (*Iliade* V, 366), « *elaan* » étant à la fois un substantif désignant l'olive chez Diogène, et la forme d'un verbe signifiant « mettre en mouvement » chez Homère. Cette adaptation des poètes à des situations prosaïques ou ordinaires n'est en rien une critique de la poésie : elle illustre bien plutôt l'usage diogénien du savoir et plus généralement de la *paideia**, mise au service d'enjeux philosophiques et éthiques qui engagent ici et maintenant, au contraire de l'usage étranger qu'en font ceux qui « entreprennent des recherches sur les malheurs d'Ulysse tout en ignorant les leurs propres » (DL VI, 27).

Jeux de mots en tous genres, plaisanteries, usage décalé de références poétiques, conduites déplacées jusqu'à l'indécence : tout cela correspond à ce mélange de sérieux et de comique – le *spoudaiogeloion* – déjà présent chez Platon sous la forme du « jeu sérieux » et dont la comédie fait son ressort principal. Faire rire ou provoquer pour faire penser : là se trouve, en grande partie, l'explication du talent persuasif de Diogène, « à ce point étonnant qu'il pouvait facilement prendre n'importe qui par ses paroles » (DL VI, 75 ; trad. M.-O. Goulet-Cazé modifiée ; voir aussi DL VI, 76).

Philosopher au bord du silence

Ce trop rapide tour d'horizon des riches procédés verbaux et corporels de Diogène appelle deux remarques plus générales. D'une part, le recours aux procédés comiques fonctionne sur la base générale d'un décalage ou d'une surprise qui, en donnant à penser, en faisant rire ou en choquant, veut faire saisir que la question posée à Diogène est en réalité mal posée, mal conçue. L'intention philosophique des chries n'est pas d'infliger un précepte moral à l'auditeur ou au lecteur, qui serait renvoyé à sa bêtise et contraint d'ingérer un dogme. Lire ou entendre les chries en philosophe, ce n'est pas s'arrêter au bon mot de leur chute ou, comme c'est le cas pour certaines *Lettres cyniques* [1], en tirer un précepte moral : c'est reprendre la question qui a suscité la réponse de Diogène et se réorienter, dans l'écart ouvert par le rire et la provocation, vers sa reformulation philosophique.

D'autre part, l'économie de moyens mise en œuvre par Diogène s'entend certes par opposition aux longs et vains discours des philosophes et des orateurs, mais aussi dans l'horizon d'un bonheur tout de plénitude silencieuse. Le contexte de l'anecdote, célèbre entre toutes, de la rencontre entre Alexandre et Diogène le signale très nettement :

> *Alors qu'il prenait le soleil au Cranéion, Alexandre survint qui lui dit : « Demande-moi ce que tu veux. » Et lui de dire : « Cesse de me faire de l'ombre. »* (DL VI, 38)

Cette chrie n'a trop souvent servi qu'à illustrer l'arrogance et la hardiesse de Diogène, ou son sens de l'égalité, sans qu'on voie qu'elle présente aussi une version du

1. F. Junqua fait remarquer que certaines *Lettres* transposent des chries dans une narration visant l'exhortation morale, ce qui les dépouille de leur humour, *op. cit.*, p. 257.

bonheur assez rare chez les philosophes classiques : Diogène dans le silence d'un bain de soleil, dans la jouissance muette parce que immédiate et simple d'un objet offert à tous et que personne ne peut accaparer. Il n'en est provisoirement tiré que par la survenue d'un élément extérieur et importun – Alexandre – qui l'interpelle et le contraint à parler uniquement parce qu'il ne saisit pas cette version du bonheur, parce qu'il n'est pas loin de prendre Diogène pour un fou. La parole de Diogène – ici comme dans la plupart des chries – est toujours au bord du silence : elle ne s'en arrache le plus souvent que le court temps de répondre utilement aux sollicitations des ignorants, pour les mettre sur la voie d'une plus grande intelligence de leur propre vie. Elle y replonge aussitôt comme elle les y plonge eux-mêmes, parce que tout se joue, une fois ouverte la distance réflexive, dans le face-à-face des individus avec eux-mêmes, c'est-à-dire avec leurs opinions, leurs désirs, leurs valeurs et le degré d'effort qu'ils sont prêts à fournir pour changer leur manière de vivre et de penser. On peut voir dans cette importance de la parole brève et du silence le signe d'un souci de coïncidence maximale avec soi-même sous la forme d'une véritable « incorporation » du langage et de la pensée : comme si le corps devenait le sujet philosophant, le lieu central d'un *logos* désormais incarné et par là silencieux, ce que confirmera plus bas l'étude de la simplicité et du rôle que les mains y jouent.

Diogène par-delà les antinomies

Un dernier trait général du philosopher de Diogène mérite d'être évoqué avant de nous pencher plus précisément sur son contenu éthique et politique. L'immense majorité des interprètes voient en lui le partisan d'une vie « conforme à la nature » (*kata phusin*) par opposition à une vie fondée sur la loi et la coutume (*nomos*, *nomisma**). Cette « conformité » ou cet « accord » désigne pour les stoïciens le principe éthique selon lequel il faut fonder nos conduites sur le choix rationnel de ce qui est conforme à la nature humaine et à la nature en général entendue comme ordre rationnel et providentiel. L'articulation de ces deux natures – ou trois si l'on prend en compte, avec certains stoïciens, la « nature individuelle » – se fonde sur le fait que la nature humaine est une parcelle de la nature universelle, et que l'individu doit se comprendre, à même sa particularité, comme le représentant de la rationalité du tout de la nature et de celle de l'homme. Aussi cette conformité ne consiste-t-elle pas à voir dans la nature une norme extérieure sur laquelle l'individu devrait régler son action comme un modèle à suivre : l'individu ou l'être humain étant une parcelle de la nature précisément parce qu'il partage sa raison, la conformité en question n'est pas la réunion de deux termes séparés – l'homme et la nature –, mais le retour actif et libre de l'homme à sa propre nature d'être rationnel, par quoi il se conforme simultanément à la nature commune [1].

Ceux qui prêtent cette idée à Diogène se fondent sur les chries évoquant la falsification de la monnaie (*nomisma*) (DL VI, 20-21), et ils interprètent aussi les anecdotes relatives à la simplicité de son mode de vie et à l'inspiration qu'il puise dans le comportement des

1. Voir F. Ildefonse, *Les Stoïciens I. (Zénon, Cléanthe, Chrysippe)*, Paris, Les Belles Lettres, coll. « Figures du savoir », n° 25, 2000, p. 144-150.

animaux dans le sens d'un primitivisme social et culturel, d'un état de nature perdu à retrouver [1]. Or, O. Flores-Júnior l'a montré de façon magistrale [2], cette lecture est erronée, du moins très forcée : les occurrences de l'expression « *kata phusin* », « selon la nature » ou « conformément à la nature », sont très rares dans les chries, et tout indique que la simplicité et la frugalité de Diogène n'ont rien d'un retour à la vie sauvage. Nombre d'anecdotes rappellent au contraire qu'il vit continûment au cœur des cités, fait usage des artifices de la civilisation et, on le verra plus en détail au chapitre III, envisage le « cosmopolitisme* » comme une façon de vivre dans les cités, non en dehors d'elles.

À l'appui de l'interprétation erronée, il n'est pas rare d'invoquer le témoignage suivant :

> *Il affirmait opposer* (antitithenai) *à la Fortune la hardiesse, à la loi la nature, à la passion la raison.* (DL VI, 38)

Selon la lecture courante, Diogène privilégierait le second terme de chacun de ces trois couples : la hardiesse, la nature, la raison, l'argument étant que d'autres chries valorisent ces termes ou dévalorisent ceux auxquels ils sont opposés. Par exemple, « il ne cessait de répéter que, si l'on veut être équipé pour vivre, il faut de la raison ou une corde » (DL VI, 24) ; ou encore

1. Par exemple, M.-O. Goulet-Cazé dans *L'Ascèse cynique. Un commentaire de Diogène Laërce VI, 70-71*, Paris, Vrin, 1986, p. 57-66.

2. O. Flores-Júnior, *Le Cynisme ancien : vie* kata phusin *ou vie* kat'euteleian *?*, thèse de doctorat, présentée et soutenue le 2 mars 2013, Université Paris-Sorbonne (Paris IV).

« comme on lui demandait quel profit il avait retiré de la philosophie, il répondit : “À défaut d’autre chose, au moins celui d’être prêt face à tout coup de la Fortune” » (DL VI, 63). Pourtant, Diogène – et c’est ce qui contribue à faire de lui un philosophe plutôt qu’un plat moraliste – se situe par-delà ces antinomies : il invite justement à réfléchir à l’articulation de ce que l’opinion courante considère comme des contraires. Qu’il « oppose » (*antitithenai*) un contraire à l’autre ne veut pas dire qu’il adopte l’un au détriment de l’autre, mais qu’il les renvoie dos à dos, parce que aucun pris isolément ne rend compte adéquatement de sa propre position, qui est toujours mise en question des oppositions toutes faites, déplacement de leur champ d’application, torsion de leur lien au profit d’une meilleure intelligence de la réalité et d’une vie plus heureuse. On l’a déjà vu par exemple à propos de son usage de la *paideia* (voir ci-dessus p. 28) : tandis que certains interprètes, tributaires d’une opposition factice entre philosophes intellectualistes et anti-intellectualistes, c’est-à-dire favorables ou hostiles à la *paideia*, situent Diogène dans la seconde catégorie, Diogène lui-même dépasse et rend caduque cette opposition en suggérant un usage neuf de la *paideia*. Deux *Lettres cyniques* confirment ce geste sur des thèmes différents. La *Lettre de Cratès* 19 rappelle que le philosophe de Sinope était « maître à la fois de la souffrance et du plaisir », ce qui donne tort aussi bien à ceux qui voient en Diogène un ascète hédoniste qu’à ceux qui voient en lui un ascète rigoriste [1]. Dans sa *Lettre* 29, ensuite, Cratès invite Hipparchia à « se libérer de la nature (*tès phuseôs*)

1. Sur ce débat, voir la synthèse de M.-O. Goulet-Cazé, *op. cit.*, p. 81-84. On y reviendra au chapitre II.

comme de la coutume (*tou nomou*) », formule qui ébranle la lecture sans doute la plus admise de la philosophie de Diogène.

Ce portrait général du philosopher de Diogène ainsi brossé, reste à voir comment il le met en œuvre dans les domaines les plus importants pour lui : l'éthique et la politique.

II

Une éthique de la liberté et de la simplicité

Présentation

Le constat de la servitude morale générale

La réflexion éthique de Diogène part du constat suivant : « Alors qu'ils devraient vivre heureux [...] les gens, à cause de leur folie (*anoian*), sont malheureux » (DL VI, 71). À des degrés divers et sous des formes variables, la plupart des hommes vivent selon lui dans une parfaite servitude, dont ils ne sont pas toujours conscients.

Précisons d'emblée que cette servitude est indépendante de la question statutaire. Diogène n'attaque aucunement l'institution esclavagiste en tant que telle : il n'en dénonce pas l'inhumanité, ni ne prend position dans le débat antique résumé par Aristote dans les *Politiques* (1255a3-b15) entre, d'un côté, ceux qui estiment que les esclaves le sont par nature et, de l'autre, ceux qui penchent pour le caractère conventionnel de l'esclavage. Diogène, au contraire, s'accommode de cette institution – lui-même aurait eu un esclave nommé Manès (DL VI, 55 [1]) – dans la mesure où la liberté qu'il vise, consistant avant tout en un certain rapport de soi à soi et de soi au monde, transcende les statuts et les positions sociales. Ainsi, nombreuses sont les anecdotes dont tout l'objet est de faire réfléchir aux vrais critères de la liberté et de la servitude, en faisant bouger les positions éthiques derrière les rôles sociaux et statutaires fixes. Diogène admire par exemple « ceux des esclaves qui, voyant leurs maîtres se goinfrer, ne volent rien de ce qu'ils mangent » (DL VI, 28 ; trad. M.-O. Goulet-Cazé modifiée) : les vrais esclaves ne savent pas freiner leurs appétits, les vrais hommes libres les maîtrisent et se maîtrisent ainsi eux-mêmes, quand bien même ils seraient de statut servile (cf. DL VI, 66). Diogène lui-même, une fois réduit en esclavage, n'en commande pas moins celui qui l'achète (DL VI, 29-31). Ou encore, s'il ne s'offusque aucunement de la fuite de son propre esclave, c'est toujours au nom de l'autosuffisance et de la liberté, mais d'abord des siennes : « Il serait plaisant, dit-il, que Manès puisse vivre sans Diogène et que Diogène ne puisse vivre sans Manès » (DL VI, 55). En d'autres termes, Diogène a eu

1. On a cru voir une contradiction entre cette chrie et celle où Diogène déclare ne pas avoir d'esclave (DL VI, 52). La prétendue contradiction n'en est pas une : les chries ne sont pas des témoignages historiques mais des mises en scène de contextes spécifiques en vue de susciter un questionnement chez le lecteur.

un esclave sans en être dépendant : sa fuite n'entraîne donc ni privation ni manque.

La servitude qui intéresse Diogène est donc avant tout de nature éthique. Étroitement liée à l'idée classique que la Fortune pèse d'un grand poids sur la vie humaine [1], elle ne s'y réduit pas pour autant : elle tient aussi et surtout à notre façon erronée de penser et de vivre notre rapport à cette même Fortune, à nous-mêmes et aux autres, parce que nous ignorons ou ne comprenons pas (*anoian*, DL VI, 71) ce que sont la liberté et le bonheur. À quoi s'ajoute notre manque d'audace ou de courage pour changer de vie. Notre complaisance dans des habitudes routinières est secondée par l'appât de plaisirs plus compliqués et plus asservissants qu'ils ne le paraissent, et qui chaque jour nous dépossèdent un peu plus de nous-mêmes en entravant le bon usage de notre raison. Dans ce contexte, existe-t-il un seul homme vraiment libre et heureux ?

Diogène au soleil : un modèle d'autosuffisance

Diogène, malgré le scandale qu'il provoque mais en réalité par ce scandale même, *démontre* – à tous les sens du terme – sa sagesse heureuse que beaucoup reconnaissent sans forcément avoir le courage de l'imiter. Ainsi, on fait son éloge (DL VI, 33 ; 55), on vient le trouver pour l'interroger, s'informer et s'instruire. À sa mort, ses concitoyens lui dédient même une statue de

1. Ce thème classique se trouve chez Platon, Aristote et les tragiques notamment. Voir M. Nussbaum, *La Fragilité du bien. Fortune et éthique dans la tragédie et la philosophie grecques* [1986], trad. G. Colonna d'Istria et R. Frapet, Paris, Éditions de l'Éclat, 2016.

bronze accompagnée d'une inscription le louant d'avoir trouvé et enseigné « la gloire d'une vie indépendante (*autarkeia*) et le sentier de l'existence le plus facile à parcourir » (DL VI, 78). Cette épitaphe dit presque tout du contenu moral de la sagesse de Diogène : à la fois moyen et fin l'une pour l'autre, l'indépendance ou l'autosuffisance, d'une part, et la voie la plus facile à parcourir, d'autre part, relèvent de ce même idéal de vie simple qu'illustre le bonheur déjà évoqué, modeste et pourtant complet, de jouir en silence du soleil (DL VI, 38). Par contraste avec le grand nombre de celles qui présentent un Diogène en tension ou à l'épreuve, cette anecdote nous le montre en effet dans un état stable et tranquille que seul vient perturber l'irruption d'Alexandre, éconduit comme un ignorant parce qu'il mesure le bonheur en termes de bien possédés. Réunissant immédiateté, facilité d'accès à ce qui est déjà là ou déjà donné, et communauté – au sens où un bien est commun parce que, n'appartenant à personne, il est offert à tous –, ce bain de soleil est un exemple et un modèle du rapport simple (*euteleia*) aux choses et aux hommes sur lequel se fonde l'éthique de Diogène. Tandis que le souverain le plus puissant du monde reste esclave de lui-même parce qu'il pense et vit son désir comme une succession de manques à combler par accumulation et possession, Diogène jouit au contraire de ce qui, n'appartenant à personne, est à tous. Évacuant presque complètement de son désir la dimension du manque, il conquiert et exerce par là son indépendance ou autosuffisance. Mais que faut-il entendre par là ?

Il ne s'agit pas de l'autosuffisance collective de la cité évoquée par Platon et Aristote, construite précisément sur l'impossible autosuffisance des individus, qui dès lors s'assemblent pour y remédier. Il ne s'agit pas non plus de l'autosuffisance stoïcienne, tout entière ancrée dans une liberté intérieure fondée sur le partage entre « ce qui dépend de nous » et « ce qui ne dépend pas de nous* », et sur une maîtrise telle de nos représentations (*phantasiai**) en toutes circonstances que le sage cesse d'être affecté par les vicissitudes du monde extérieur. L'autosuffisance cynique est bien plutôt le moyen de la liberté : elle permet à l'individu, suite à un travail d'ascèse psychologique et physique, de réduire ses besoins, de simplifier la façon de les satisfaire et d'en éliminer la dimension du manque pour ne plus dépendre d'une source extérieure dont il pourrait subir l'asservissante emprise. Par elle, l'homme de bien imite les dieux qui, eux, n'ont besoin de rien (DL VI, 51 ; 105 ; L 11C). Si les animaux tendent certes eux aussi à une certaine autosuffisance, ils ne sont toutefois pas tant des modèles que des sources d'inspiration et de réflexion pour la conduite humaine. Leur comportement – celui du chien, de la souris, de l'escargot, de la tarentule, etc. – intéresse Diogène *par analogie* avec des situations que nous pouvons connaître, mais il ne s'agit jamais pour lui de nous identifier à des animaux ni de nous inciter à le devenir, car ce n'est ni souhaitable (L 11C) ni même possible : aucun témoignage ne signale que Diogène leur concède cette pensée rationnelle (*logos*) qui singularise l'homme [1]. Reste la question principale : comment parvenir à cette autosuffisance et à la liberté qu'elle procure ?

1. Sur le statut des animaux dans la philosophie de Diogène, voir O. Flores-Júnior, « Cratès, la fourmi et l'escarbot : les cyniques et l'exemple animal », *Philosophie antique* 5, 2005, p. 135-171 ; et S. Husson, « "Revêtir la vie des chiens", l'animal comme modèle moral », *Archai* 11, 2013, p. 69-78.

Diogène philanthrope : un médecin, un éducateur, un exemple

L'éthique de Diogène, dont sa vie est l'illustration, offre une réponse à la fois théorique et pratique à la question de savoir comment passer de la servitude à la liberté, de la folie malheureuse à la sagesse. Réponse théorique, d'une part, en ce qu'il s'agit d'expliquer pourquoi, paradoxalement, la facilité du mode de vie qu'il prône échappe au commun des mortels et leur paraît au contraire difficile à mettre en œuvre (DL VI, 44). Cette réponse repose sur une anthropologie philosophique qui rend raison de l'ambivalence de l'homme, être capable à la fois de la plus complète servitude et de la plus complète liberté, de la plus grande déraison et de la plus haute intelligence (DL VI, 24) [1]. Réponse pratique, d'autre part, s'exprimant sous trois aspects étroitement liés qui signalent l'engagement philanthropique de Diogène : pour les autres hommes, il est à la fois un médecin, un éducateur, et le vivant exemple de la vérité et de la valeur éthiques de sa propre pensée.

Commençons par le médecin. La métaphore – mais jusqu'à quel point en est-ce une ? – du philosophe médecin est courante chez les cyniques (DL VI, 4 ; 30 ; 36 ; L 40D) et plus largement dans la philosophie antique [2]. Toutefois, à côté de la portée universellement thérapeutique de la philosophie que tous rappellent – Platon et Épicure notamment –, Diogène met aussi l'accent sur un élément souvent négligé dans l'usage de cette métaphore, à savoir le caractère individualisé de la

1. Voir ci-dessus p. 25-27.
2. Voir M. Nussbaum, *Therapy of Desire. Theory and Practice in Hellenistic Ethics*, Princeton, Princeton University Press, 1994.

pratique thérapeutique et son attention aux circonstances. Cela ne signifie pas qu'il renonce à l'universel philosophique, mais il ne le conçoit que dans sa mise en œuvre pratique, chaque fois singulière selon les agents impliqués et les contextes concernés. Ce souci du particulier se manifeste ensuite dans son rôle d'éducateur. Aux enfants de Xéniade par exemple, il apprend à marcher « les yeux baissés dans la rue » (DL VI, 31), tandis que lui-même ne cesse au contraire d'observer ce qui se passe autour de lui en vue d'en tirer un enseignement pour lui-même et les autres [1]. Médecin ou éducateur, il s'agit donc dans tous les cas pour Diogène de divulguer sa philosophie de sorte que tous « trouvent le ton qui convient (*prosèkontos*) » (DL VI, 35), expression qu'on peut entendre simultanément au sens de ce qui convient à chacun, et de ce qui convient pour la simplicité (l'*euteleia*) en vue de la liberté. Enfin, cette articulation du particulier et de l'universel se manifeste avec plus d'évidence encore dans la personne même de Diogène, dont le corps et les actes, en parallèle avec sa pensée, offrent une réponse exemplaire d'un passage réussi de la folie malheureuse à la sagesse. Car Diogène n'a pas toujours été statufié et célébré, tant s'en faut : si sa philosophie vise la liberté, elle est avant tout une pensée et une pratique de la libération, de la mise à distance progressive, volontaire et constante d'une servitude toujours menaçante. Diogène, en somme, n'a pas toujours été le philosophe chien qu'il est devenu :

> *Comme quelqu'un lui reprochait un jour d'avoir falsifié la monnaie, il répliqua : « Il fut un temps où j'étais tel que tu*

1. Le même verbe « *theasamenos* », « ayant observé », avec Diogène pour sujet, ouvre plusieurs anecdotes : par exemple DL VI, 22 ; 37 ; 45 ; 47 ; 50 ; 62.

es maintenant ; mais tel que je suis maintenant, toi tu ne le seras jamais. » Et à un autre qui lui reprochait le même forfait, il dit : « En effet avant je pissais au lit ; mais maintenant ce n'est plus le cas. » (DL VI, 56)

Témoignages de son devenir philosophe (cf. DL VI, 20-21), ces anecdotes signalent aussi tout ce qui, chez beaucoup d'hommes, fait obstacle au changement dont Diogène est le vivant exemple. L'obéissance aveugle aux valeurs conventionnelles de la cité – en particulier l'argent – empêche le premier interlocuteur de comprendre qu'il lui est possible de changer, d'adopter d'autres valeurs qui lui permettraient d'être libre. Quant au second, présenté comme un homme respectable rappelant à Diogène ses fautes passées, c'est en réalité le contrôle de soi – comparé à celui qu'un enfant, en grandissant, gagne sur son propre corps – qui lui fait défaut. Car contrairement à ce qu'il croit, le contrôle de soi ne s'illustre pas dans une obéissance aveugle aux valeurs et aux lois de la cité, pas plus que la falsification de la monnaie par Diogène n'est motivée par la démesure de ses appétits, mais par le souci de s'affranchir d'une valeur conventionnelle aux conséquences aliénantes. Cet interlocuteur a tout de l'enfant qui se croit un adulte.

Pour comprendre la libération dont Diogène est l'exemple et le promoteur, on partira donc du portrait qu'il brosse de l'homme en esclave, par quoi s'explique que la vie facile que nous ont accordée les dieux nous échappe souvent et nous paraisse difficile (DL VI, 44). On verra ensuite comment, sur la base de cette servitude générale, Diogène propose une éthique tournée vers la liberté et la simplicité.

Portrait de l'homme en esclave

Vains combats et liberté

La pédagogie de la morsure par *parrhèsia* dont Diogène le Chien s'est fait une spécialité consiste à tancer le genre humain en paroles et en actes. À côté des anecdotes où il s'en prend à diverses bassesses humaines et à des individus ciblés, les témoignages sont nombreux où il attaque l'homme en général, sans qu'il faille conclure pour autant à sa misanthropie (voir DL VI, 24). Outre l'anecdote VI, 32 citée précédemment (p. 49) où Diogène compare les hommes qui l'entourent à des ordures, en voici d'autres où figurent ces attaques générales contre l'homme :

> *Il disait que les hommes* (anthrôpous) *entrent en lutte quand il s'agit de gratter la terre pour se jeter de la poussière et se donner des coups de pied, mais que pour devenir homme de bien* (peri de kalokagathias), *personne n'en fait autant.* (DL VI, 27)

> *Alors qu'il sortait du bain, on lui demanda s'il y avait beaucoup d'hommes* (anthrôpoi) *qui se baignaient ; il répondit que non. Mais quand on lui demanda s'il y avait foule* (okhlos), *il répondit que oui.* (DL VI, 40)

> *Ayant allumé une lanterne en plein jour, il dit : « Je cherche un homme* (anthrôpon). *»* [1] (DL VI, 41)

> *Il cueillait des figues sur un figuier. Le gardien des lieux lui dit : « Sur cet arbre, dernièrement un homme*

1. Pour une interprétation ontologique et épistémologique de cette anecdote, voir le chapitre précédent p. 35.

> (anthrôpos) *s'est pendu.* » « *C'est bien pourquoi, moi, je vais le purifier !* » (DL VI, 61)

À l'exception de la dernière, ces anecdotes ont pour point commun de signaler les absences répétées de l'homme, là où chacun croit pourtant pouvoir l'identifier et le nommer sans doute aucun. Mais absences de l'homme à quoi ? Diogène ne veut évidemment pas dire que le monde est désert – il y a au contraire « foule » au bain (DL VI, 40) –, mais que l'homme est absent à lui-même, que se creuse fréquemment un écart entre son nom, d'un côté, et sa nature ou son essence, de l'autre. Dans les témoignages qui nous sont parvenus, Diogène ne propose certes pas de définition de la nature humaine ni même du concept de nature ou d'essence – on a vu sa réticence envers les grands échafaudages théoriques. Il n'en demeure pas moins que le mot « homme » a, comme tous les autres, un sens pour notre philosophe, sans quoi les chries citées plus haut n'en auraient aucun. Aussi ébauche-t-il dans des formules rapides un portrait de l'être humain qui, tout en tenant compte de sa complexité, est suffisamment précis pour être utile à son projet éthique. En quoi consiste donc ce portrait ambivalent et en quoi aide-t-il à comprendre le sens des absences de l'homme ?

Si Diogène va jusqu'à traiter les hommes d'ordures ou de déchets (DL VI, 32), c'est qu'il estime qu'ils peuvent devenir inutiles pour eux-mêmes et les autres, voire nuisibles – ce que suggère la « purification » de l'arbre évoquée en DL VI, 61. Un tel risque tient à une erreur d'appréciation commune de ce que combattre et être un homme de bien (*kalokagathia* DL VI, 27) veulent dire.

Ce sont là deux thèmes centraux de la morale traditionnelle depuis Homère, avec son caractère agonistique, que Diogène reprend et déplace. Ni vaine ni insensée, la lutte sportive dans l'arène ou sur le stade n'est toutefois pas, en effet, la plus importante pour mettre l'homme à l'épreuve en tant qu'homme (DL VI, 27). Le croire, c'est être absent à soi-même, aussi bien pour l'athlète que pour ses admirateurs. Plus difficile et risquée, la lutte suprême selon Diogène a pour prix la liberté, qu'il met au-dessus de tout (DL VI, 71) et qui soulève trois questions : de quelle(s) servitude(s) le combat pour la liberté doit-il nous affranchir ? Pourquoi et comment l'homme se trompe-t-il de combat et reconduit-il sa servitude au lieu de la supprimer ? En quoi, enfin, consiste la lutte véritable pour la liberté ?

La Fortune

Qu'est-ce qui, selon Diogène, asservit l'homme ? D'abord sa condition « métaphysique » de jouet de la Fortune (*hè tukhè*). Celle-ci est omniprésente : elle n'intervient pas uniquement sous la forme d'événements exceptionnellement dramatiques ou graves – comme les menaces de mort proférées par un puissant (DL VI, 44) ou le fait d'être réduit en servitude (DL VI, 29-31) –, mais le plus souvent dans les circonstances contingentes dont toute vie est faite (*hè peristasis* DL VI, 22), comme pour cette souris dont l'environnement, à un endroit et à un moment particuliers, n'a pas grand-chose à lui offrir et qui doit s'en accommoder (DL VI, 22). La Fortune est cette série de hasards divers ou d'éléments de contexte à la fois particuliers et changeants, qui risquent d'affaiblir notre puissance d'agir et, par là, notre liberté. C'est par exemple la rencontre inopinée avec un rival, comme Démosthène (DL VI, 34), ou la maladie qui attaque notre corps (DL VI, 23), ou encore l'appétit qui se manifeste et attend une réponse (DL VI, 46 et 69). C'est aussi – cas très fréquent – tout ce qui menace la maîtrise de nos désirs et de nos appétits et met ainsi notre résistance à l'épreuve. Citons pour exemples le discours flatteur (DL VI, 51), la courtisane qui passe devant un vainqueur olympique ainsi « mis sous le joug de la première venue (*tou tukhontos*) » (DL VI, 61), Alexandre proposant à Diogène de lui offrir « ce qu'il veut » (DL VI, 38), ou encore la table somptueuse que le général Cratéros l'invite à partager (DL VI, 57). Tous ces hasards menacent notre liberté. Aussi faut-il « être prêt à toute manifestation de la Fortune » (*pasan tukhèn*), ce pour quoi la philosophie peut nous aider (DL VI, 63). On ne saurait en déduire que la Fortune n'atteint pas ceux qui, parce qu'ils possèdent pouvoir et richesse, sont à l'abri du besoin. Elle les menace eux aussi. Ainsi, le champion olympique n'a rien qui lui manque et pourtant il s'éloigne de l'autarcie ou autosuffisance en succombant au charme de la courtisane (DL VI, 61) ; les conquêtes successives de Philippe II de Macédoine durant vingt ans (de 358 à 336 av. J.-C.) sont autant d'occasions d'alimenter son insatiabilité, de susciter en lui de nouveaux appétits et, par là, de mettre en péril sa liberté (DL VI, 43).

Dès lors, en quoi consiste la préparation aux coups de la Fortune si celle-ci est omniprésente et imprévisible ? Avant d'y venir, il faut présenter les autres motifs de servitude évoqués par Diogène.

Désirs et médiations

Les anecdotes citées plus haut montrent que, selon Diogène, le ressort principal de la servitude est la soumission de l'individu à ses propres appétits : « Les serviteurs sont esclaves (*douleuein*) de leurs maîtres, les gens de rien (*phaulous*) de leurs appétits (*epithumiai*) » (DL VI, 66 ; trad. M.-O. Goulet-Cazé modifiée). Dans la lignée de Platon et d'Aristote, Diogène reprend à son compte l'idée que la servitude morale est une relation de soi à soi. Mais contrairement à eux, Diogène ne propose aucune psychologie – soit aucune théorie de l'âme – pour expliquer cette étrange situation : il lui suffit d'observer le comportement des hommes pour ébaucher une anthropologie de la servitude valant schématiquement pour tous, l'écart étant de degré, non de nature, entre la servitude des gens ordinaires et celle des « puissants ». Le jugement de valeur porté par l'adjectif « *phaulos* » ne désigne pas des individus mal intentionnés, ce que sa traduction courante par « mauvais » pourrait laisser croire, mais des gens qui sont de peu de valeur parce qu'ils remettent le pouvoir en eux à ce qui n'a que peu de valeur, c'est-à-dire à tout ce qui fait obstacle à leur liberté. Par la diversité de ses modalités comme par celle des objets qui en sont le vecteur, cet asservissement prend une multitude d'aspects dont Diogène offre malgré tout un tableau suffisamment unitaire pour englober tous les cas probables et avoir par là une véritable pertinence théorique et pratique.

Les modalités morales et psychologiques de cet asservissement comportent au moins deux cas. Le premier est celui du divorce entre la volonté et la pensée sur le mode du « je vois le bien, je l'approuve, et je fais le mal » de la

Médée d'Ovide [1]. De manière comparable, si beaucoup font l'éloge de Diogène, c'est-à-dire reconnaissent la valeur de son engagement moral, peu se décident à le suivre, comme si leur volonté ne suivait pas leur raison. « [Diogène] disait qu'il était un de ces chiens dont les gens font l'éloge mais avec qui aucun de ceux qui en font l'éloge n'ose sortir pour aller à la chasse » (DL VI, 33 ; cf. VI, 55), sans doute par crainte de ne pas être à la hauteur ou d'être sa victime, et parce qu'il est difficile de résister à l'attrait facile de plaisirs plus immédiats. Le second cas est celui de l'ignorance même de sa propre servitude : il concerne tous ceux qui, ignorant que leur volonté leur est soustraite, sont de ce fait asservis aux valeurs dominantes, à eux-mêmes et, potentiellement, à d'autres. C'est le cas par exemple de ceux qui « réclament des biens qui leur paraissent à eux-mêmes des biens mais qui ne le sont pas en vérité » (DL VI, 42). C'est aussi le cas de ceux que Diogène renvoie dans leurs cordes parce que leur question, mal posée, témoigne de leur irréflexion. Pour ne prendre qu'un seul exemple :

> *Comme on lui demandait d'où venait l'appellation d'esclaves* (andrapoda)*, il répondit : « C'est parce que ceux qu'on a appelés ainsi avaient des pieds d'hommes* (tous podas andrôn)*, mais leur âme était comme la tienne en ce moment, toi qui me poses la question. »* (DL VI, 67)

Ignorance pointée encore lorsque Diogène dénonce des attitudes signalant que leurs auteurs n'en ont pas mesuré toute la signification pour leur vie, ce qui se

1. *Les Métamorphoses* VII, 20-21.

produit à des degrés divers. Par exemple, concernant Diogène lui-même, alors qu'il est déjà engagé dans l'ascèse :

> *À la vue d'un jeune enfant qui buvait dans ses mains il sortit son gobelet de sa besace et le jeta en disant : « Un jeune enfant m'a battu sur le chapitre de la simplicité ! »* (DL VI, 37)

Ou encore, concernant autrui :

> *À des gens qui faisaient un sacrifice aux dieux pour avoir un fils, il dit : « Et ne faites-vous pas de sacrifice pour la sorte d'homme qu'il deviendra ? »* (DL VI, 63)

L'ignorance n'est toutefois pas irrémédiable. Même dans le cas extrême de la réponse, déjà citée, à celui qui lui reproche d'avoir un jour falsifié la monnaie – « Il fut un temps où j'étais tel que tu es maintenant ; mais tel que je suis maintenant, toi, tu ne le seras jamais » (DL VI, 56) –, le simple fait d'avoir répondu signale que ses mots ne sont pas à prendre au pied de la lettre, mais comme une incitation brutale à réfléchir et, par là, à se libérer.

Telles sont donc les modalités psychologiques élémentaires par lesquelles nos appétits nous asservissent. Mais à travers quels objets ? Diogène distingue-t-il entre faux biens et « ceux qui le sont en vérité » (DL VI, 42) ? Cette distinction n'est en réalité pas à prendre comme une différence ontologique tranchée. Ce sont moins pour lui certains objets de désir qui mettent en péril notre liberté que les intermédiaires susceptibles de s'interposer entre eux et la satisfaction, intermédiaires dont le volume varie et se laisse réduire plus ou moins facilement selon les objets et les contextes. Les intermédiaires en question ne sont pas ceux de la technique ou de la civilisation dans sa dimension matérielle, comme si Diogène prônait le retour à la vie primitive : il a beau abandonner son écuelle et son gobelet, il n'en dort pas moins dans une jarre ou sous le porche des temples. Les médiations dont il s'agit sont plutôt de nature politique et sociale : Diogène évoque notamment le pouvoir qu'ont les grands de nous lier en nous procurant un objet socialement enviable, ainsi que les valeurs qui circulent dans la cité et qui enchaînent notre désir au regard ou au jugement des autres. Entre mon désir et moi, l'autre – individu ou société – s'immisce comme pourvoyeur d'un plaisir dont cet homme risque, s'il n'est pas lui-même cynique, de devenir le seul maître, et moi, de ce fait, le parfait esclave. Aucun objet n'est mauvais en soi, il ne l'est que d'être désiré dans une société ou une cité fondée sur des rapports de domination, ce qui est aux yeux de Diogène le cas le plus fréquent. Si de dangereuses médiations peuvent être présentes lorsqu'il s'agit de satisfaire les appétits liés au corps – manger à la table des puissants, porter des vêtements de luxe, fréquenter les courtisanes –, ce sont elles aussi qui se prêtent le mieux à la réduction par l'ascèse, puisque cette part du social et de la convention peut être réduite à zéro ou à un très faible degré. En revanche, ces médiations sont beaucoup plus difficiles à évincer quand les objets de désir tirent leur valeur uniquement de la société elle-même, comme la gloire ou la richesse. Néanmoins, la gloire dont jouit Diogène échappe à ce jeu, précisément parce que sa valeur tient à celle reconnue à l'autosuffisance par des hommes raisonnables (DL VI, 78). Objets de désir liés au corps ou objets de désir d'origine sociale, tout est donc dans la façon de s'y rapporter : l'important pour Diogène est d'échapper aux rapports de domination dont ces objets peuvent être le vecteur, certains d'entre eux s'y prêtant plus que d'autres.

Que la question éthique relève davantage pour Diogène du type de rapport, simple ou sophistiqué, entre le désir et son objet que de la nature intrinsèque de cet objet, c'est ce que confirme l'analyse des différents types d'appétits mentionnés dans les chries, à commencer par ceux qui sont relatifs à notre corps. Ceux du ventre, ce « Charybde qui engloutit la vie » (DL VI, 51), ne donnent pas lieu à une distinction des aliments entre les prescrits et les proscrits. Diogène, on l'a vu, soutient aussi bien que « la vie facile échappe aux hommes parce qu'ils recherchent des gâteaux de miel […] » (DL VI, 44) et que « le sage mange des gâteaux comme les autres hommes » (DL VI, 56). Ou encore, les nombreuses recommandations de privilégier l'eau fraîche comme unique boisson – elles sont d'ailleurs plutôt le fait de Cratès que de Diogène (L 14C ; 18C ; 33C) et n'ont rien de systématique (DL VI, 105 : « Il y en a parmi eux [les cyniques] qui se satisfont d'herbes, d'eau toute fraîche […] ») – n'empêchent pas Diogène d'avoir pour vin préféré « celui des autres » (DL VI, 54), donc d'en boire à l'occasion. L'important est moins dans la nature de ce qui est consommé que dans la façon de l'obtenir et de s'y rapporter. L'essentiel est d'assurer la frugalité, qui suppose certes une capacité à se satisfaire de peu, mais consiste avant tout à « se contenter de la nourriture qu'on peut se procurer par soi-même (*autarkesi*) » (DL VI, 105). Le ventre est en effet ce par quoi les puissants peuvent aisément nous asservir à leur pouvoir, ce dont Diogène donne deux exemples :

À qui proclamait Callisthène bienheureux sous prétexte qu'il avait part aux magnificences (polutelôn) *d'Alexandre, Diogène dit : « Il est malheureux lui qui déjeune et dîne quand il plaît à Alexandre. »* (DL VI, 45)

Comme Cratéros[1] *lui demandait de venir le voir, Diogène dit : « À vrai dire, je préfère lécher le sel à Athènes que jouir de la somptueuse* (polutelous) *table de Cratéros. »* (DL VI, 57)

Les mots de la famille de *poluteleia* employés dans ces deux anecdotes désignent littéralement « ce qui coûte cher », donc ce qui implique des médiations sociales, économiques et ici politiques entre la faim et sa satisfaction. Accepter ce qui est *polutelès*, c'est accepter des médiations qui forment en réalité un jeu complexe de pouvoirs et de dépendances. Peu importe la nature des mets consommés, ce qui décide de leur choix pour Diogène est la simplicité avec laquelle on peut se les procurer, l'individu ne dépendant alors que de lui-même, même si, de ce fait, la quantité et la qualité des nourritures se trouvent presque automatiquement limitées.

La satisfaction du sexe est sujette à une alternative similaire entre, d'un côté, le simple ou le frugal et, de l'autre, le médiatisé et potentiellement asservissant. La puissance du sexe est indirectement évoquée dans le geste de Diogène tendant le médius à ceux qui s'enquièrent auprès de lui de Démosthène et auxquels il répond : « Le démagogue des Athéniens, c'est lui ! » (DL VI, 34). Manière de dire que le sexe est un objet

1. Callisthène est sans doute l'historien Callisthène d'Olynthe, et Cratéros est un général d'Alexandre.

politique, autour duquel se jouent la liberté ou la servitude des individus et de la société dans son ensemble. Il ne s'agit pas pour Diogène de freiner le sexe, mais de montrer que le plaisir sexuel peut ou non ne dépendre que de nous. C'est sous la forme de la fréquentation des courtisanes que Diogène présente la servitude dans ce domaine :

> *Sur l'Aphrodite d'or que Phryné*[1] *avait consacrée à Delphes, Diogène, dit-on, inscrivit : « Hommage de l'intempérance* (akrasias) *des Grecs ! »* (DL VI, 60)

> *À la vue d'un vainqueur olympique qui lançait des regards insistants à une courtisane, il dit : « Regardez-moi comment ce bélier d'Arès est mis sous le joug par la première fillette venue* (tukhontos) *! » Des courtisanes bien tournées, il disait qu'elles ressemblent à de l'hydromel empoisonné.* (DL VI, 61)

> *À la vue du fils d'une courtisane qui lançait une pierre sur la foule, il dit : « Attention à ne pas frapper ton père ! »* (DL VI, 62)

> *Des courtisanes, il disait qu'elles sont reines des rois, car ils font* (prattein) *ce qui leur semble bon à elles.* (DL VI, 63 ; trad. M.-O. Goulet-Cazé modifiée)

Dans ces passages, Diogène ne stigmatise pas les courtisanes en elles-mêmes ni ne les soumet à un jugement moral : en les traitant d'« hydromel empoisonné »,

1. Phryné était une célèbre courtisane de l'époque de Diogène. Elle aurait eu pour amants des hommes en vue et serait devenue très riche.

il examine en réalité la nature et l'étendue de leur pouvoir. Trois points de son analyse doivent retenir notre attention. D'une part, il souligne le renversement de la relation de dépendance et de subordination entre les courtisanes et ceux qui achètent leurs services ou sont tentés de le faire : ce ne sont pas elles qui sont en position de dépendance et de subordination à l'égard de leurs amants, c'est l'inverse. Le thème n'est pas celui de la liberté, comme c'est le cas lorsque Diogène évoque les esclaves, mais de l'avantage dans une relation de pouvoir. D'autre part, ces anecdotes portent aussi sur la nature et l'ampleur considérable du pouvoir que les courtisanes exercent sur tous les aspects de la cité : pouvoir financier ou économique (la statue d'or) ; pouvoir symbolique (cette statue d'or est offerte au temple de Delphes) ; pouvoir physique et moral, la chrie 60 montrant que la force ne se mesure ni aux exploits sportifs ni à la capacité de résister au corps des autres, mais à la résistance aux désirs du sien propre, et que la gloire acquise aux jeux Olympiques est une valeur bien faible si ceux qui la conquièrent sont si facilement défaits ; pouvoir politique pour finir, la chrie 63 jouant sur le sens du verbe « *prattein* » qui signifie à la fois « avoir un rapport sexuel », et « accomplir » quelque chose en général, comme si, maîtresses des jeux dans l'amour, les courtisanes l'étaient aussi du jeu politique. Enfin, et par suite, leur pouvoir a ceci de paradoxal, du moins à première vue, qu'il leur est remis par ceux-là mêmes qui y sont asservis ou plutôt qui s'y laissent asservir. Les chries 61 et 63 notamment évoquent la dépossession ou la destitution d'individus qualifiés par le pouvoir qu'ils détiennent – physique ou sportif pour les uns, politique pour les autres. Il y a en effet de la part de ceux qui fréquentent les courtisanes ou sont tentés de le faire quelque chose de l'ordre d'une « servitude volontaire* », à condition de ne pas donner de sens décisionnel au second terme de cette expression. Tout sauf décidée, cette servitude est bien plutôt le résultat d'un doux empoisonnement se soldant par cette incapacité de maîtriser ses appétits (*akrasia*) dont souffrent les hommes en général : « les Grecs » (60), « la foule » (62), termes qui renvoient à un collectif se laissant prendre à un jeu dont il est aussi l'origine. Les courtisanes révèlent ainsi le « double corps » de l'homme social ordinaire, incapable de vivre le sien sans celui des courtisanes : il y trouve une médiation ou un intermédiaire entre lui et lui-même, médiation qui en même temps imprime sa marque à ses appétits en en configurant l'imaginaire. À quoi répond « le double corps » des courtisanes : objet d'un pouvoir d'acquisition, c'est aussi le lieu d'un contre-pouvoir, qui dépossède ceux qui pourtant l'entretiennent. Comment expliquer ce paradoxe de la « servitude volontaire » aux courtisanes ? Il tient peut-être en partie à leur haute valeur sociale ajoutée – ce que signalent dans les anecdotes citées plus haut les références à la richesse, au pouvoir symbolique et aux sphères du pouvoir. Fréquenter une courtisane ou y aspirer, c'est faire de son corps un objet social en mettant l'un de ses appétits à l'unisson des valeurs de la cité, sans voir qu'on le met par là à distance de soi-même.

Les courtisanes représentent ainsi une sorte d'intermédiaire entre les appétits qui se rapportent au corps et une troisième catégorie, faite de ceux dont l'objet est d'origine purement sociale. Diogène appelait ainsi « parures du vice » ces pures valeurs sociales que sont la naissance et la gloire (DL VI, 72), non en raison de quelque mauvaise intention présidant à leur recherche, mais parce que leur quête aliène l'individu et l'éloigne de lui-même. C'est sans doute en ce sens aussi qu'il faut comprendre que « l'amour de l'argent est la métropole de tous les maux » (DL VI, 50 ; trad. M.-O. Goulet-Cazé modifiée) : non que l'argent soit mauvais en lui-même, mais sa nature de médiation dans les échanges le rend propice à la *poluteleia*, à l'élargissement imaginaire des appétits et aux dépendances asservissantes qui s'ensuivent le plus souvent.

Cette servitude exercée par les médiations explique en partie le paradoxe de la « facilité difficile ». Diogène en effet

> *répétait à cor et à cri que la vie accordée aux hommes par les dieux est une vie facile, mais que cette facilité leur échappe, car ils recherchent gâteaux de miel, parfums et raffinements du même genre. Aussi dit-il à l'homme qui se faisait chausser par son serviteur : « Tu ne connais pas encore le bonheur, s'il ne va jusqu'à te moucher ; mais cela se produira quand tu auras été amputé de tes mains. »* (DL VI, 44 ; trad. M.-O. Goulet-Cazé modifiée)

C'est chez ce « maître » un manque infantile fantasmé – son corps ne lui permettrait pas de se chausser lui-même comme s'il était un enfant en bas âge, impuissant à s'autosuffire – qui entretient la servitude de son domestique et le rend lui-même esclave de ce dernier sans qu'il le voie. La tâche éthique et politique la plus difficile est là : briser ce manque imaginaire, ce que Diogène tente de provoquer chez ce « maître » servile par la représentation horrifiante de son corps mutilé, et donc manquant vraiment, cette fois, des membres nécessaires pour être autosuffisant.

La crainte de l'ascèse

Le dernier ressort fondamental de la servitude pour Diogène est la crainte. À ses disciples qui veulent le racheter à Xéniade dont il est l'esclave, il réplique en effet :

> *Ce ne sont pas les lions* [...] *qui sont les esclaves de ceux qui les nourrissent mais ceux qui les nourrissent qui sont esclaves des lions. Le propre de l'esclave, en effet, c'est de craindre ; or les fauves inspirent de la crainte aux hommes* (anthrôpois). (DL VI, 75)

Que craignent donc les esclaves ? Sans doute redoutent-ils les puissants alors que Diogène les défie ; sans doute craignent-ils de perdre ce qu'ils ont, ou de ne pas obtenir ce qu'ils désirent. Mais ce passage signale que c'est aussi Diogène lui-même qui, lion herculéen, leur inspire de la crainte. Pour quelle raison ? La force de Diogène est d'avoir surmonté par l'ascèse et la pensée cela même qui asservit un grand nombre d'hommes, à savoir leur idée erronée du désir et du pouvoir, faite corps et vie sous l'effet de l'habitude. Aussi la crainte des hommes est-elle surtout une crainte devant l'effort à réaliser pour s'affranchir de leur propre servitude, et crainte devant celui qui, justement, y est parvenu, parce qu'ils lui reconnaissent une force et une résistance peu communes. C'est ce que disent les anecdotes sur le courage ou la virilité (*andreia*). Ainsi, alors qu'il se rend de Sparte à Athènes, Diogène dit quitter l'appartement des hommes (*andrônitidos*) pour celui des femmes (DL VI, 59). De même, à qui lui demande où il y a de vrais hommes (*agathous andras*), il répond qu'« il a vu des enfants à Sparte, mais des hommes (*andras*) nulle part » (DL VI, 27). C'est le cas aussi des chries où Diogène, jouant sur la proximité en grec des mots « esclave » et « homme », déclare à des champions olympiques qu'ils ne sont pas vraiment des hommes, car leur effort s'est trompé d'objet : mesurant la gloire au prestige social du sport et à l'idée de courage qui lui est associée, ils n'ont vaincu en réalité que des esclaves (*andrapodas*), alors que lui a vaincu les hommes (*andras*) et mérite donc le titre de champion (DL VI, 33 ; 43). Si la facilité est difficile pour la plupart des hommes (DL VI, 44), c'est aussi parce que s'affranchir de la représentation erronée du désir et du pouvoir suppose un effort coûteux et rebutant tant qu'on ne l'a pas expérimenté.

Représentation de la Fortune en arbitre tout-puissant de nos vies ; appétence forte pour tout ce qui, sous l'effet des valeurs ordinaires, alimente notre représentation et notre expérience aliénantes du désir ; crainte de voir cet univers de choses et de valeurs se dérober, et de nous retrouver alors face à la vérité et à la rigueur de l'exigence éthique : les motifs que Diogène décèle dans la servitude générale s'étayent mutuellement et entretiennent conjointement les luttes épuisantes et asservissantes que nous livrons, et dont nous sommes autant les victimes que les complices. Sortir de la servitude suppose donc de secouer d'un seul bloc toutes ces chaînes étroitement liées.

Les chemins de la liberté

C'est l'ascèse qui est au centre de la libération. Ce qui suit n'est donc pas à comprendre comme une liste de remèdes successifs, mais comme les diverses facettes d'un seul et même moyen en vue de la liberté.

La voie courte

Les stoïciens disent du cynisme qu'il est un raccourci (*ho suntomos*) vers la vertu (DL VI, 104). Les auteurs des *Lettres cyniques* y voient pour leur part un raccourci vers le bonheur, inventé par Antisthène pour les uns (L 30D), par Diogène pour les autres (L 13C). Dans les deux cas, l'idée de raccourci est centrale dans l'éthique de Diogène. Mais raccourci par rapport à quoi, et entre quoi et quoi ?

La voie courte n'est évidemment telle que par rapport à une plus longue, celle des philosophies où la félicité n'est conquise qu'à l'issue d'un long parcours théorique : on songe notamment à Platon et au détour spéculatif par l'hypothèse des Idées ou Formes intelligibles. On songe aussi aux stoïciens pour qui la philosophie se compose d'une logique et d'une physique préalables à l'étude de l'éthique. La voie longue n'est ni fausse ni mauvaise, ce n'est pas une impasse : elle aussi doit pouvoir conduire au bonheur ou à la vertu, mais plus lentement et avec le risque d'un écart jamais totalement comblé entre les moyens déployés et la fin visée.

À quoi tient donc la « brièveté » de la voie courte ? Elle n'est pas un abrégé de la voie longue, à la façon du résumé épicurien (*epitomè*) qui condense de longs raisonnements en vue de les rendre plus assimilables et par là plus directement utiles aux disciples (*Lettre à Hérodote* 35-37 et 82-83 ; *Lettre à Pythoclès* 84-85). Tout en conservant une dimension théorique et discursive, la voie courte cynique consiste surtout à faire porter une grande part de la transformation éthique aux actes quotidiens (L 21C) et à l'usage du corps. En accord à la fois avec l'économie générale du philosopher cynique évoqué au chapitre I et avec l'entreprise, générale elle aussi, de réduction des médiations entre le désir et son objet, cette voie courte est plus ardue que la longue en ce qu'elle met à l'épreuve l'endurance et la résistance du corps, soit son plaisir et sa douleur. Aussi sa mise en œuvre paraît-elle difficile tant qu'on est esclave de fausses représentations du désir et des valeurs (DL VI, 44). Mais une fois qu'on s'y est suffisamment avancé, la vie cynique se révèle facile (DL VI, 44).

Comment cette voie courte se déploie-t-elle donc ? Par une recherche de la simplicité dont l'ascèse et l'autosuffisance sont les moyens principaux. Par exemple, pour reprendre le cas du sexe évoqué plus haut avec les courtisanes, la réponse de Diogène à l'intempérance sexuelle n'est pas l'abstinence, ni même l'interdiction de tout rapport avec des courtisanes – à celui qui en poursuit une de ses avances, il ne dit pas qu'il ne doit pas le faire, mais qu'il « vaut mieux (*ameinon esti*) » ne pas le faire (DL VI, 66), de même qu'il met en garde (*blepein*) celui qui use de parfums plutôt qu'il ne les lui interdit (DL VI, 66). Pour le sexe comme pour la nourriture et le reste, Diogène préconise d'éviter ou de réduire les médiations, faisant ainsi de l'indistinction des partenaires, de la levée du tabou de l'inceste (DL VI, 72), et plus encore de la masturbation (DL VI, 46 ; 69) le paradigme d'une simplicité autosuffisante qu'il rêverait de pouvoir appliquer aussi à la faim, dans une sorte d'idéal littéralement « surnaturel », c'est-à-dire surpassant les limites imposées par la nature.

Avant de l'étudier, on peut toutefois s'interroger sur les limites éthiques d'une telle simplicité. En se limitant à l'horizon de ce que l'individu peut obtenir par lui-même en recourant au moins d'intermédiaires possible entre ses appétits et l'objet de leur satisfaction, ne fait-elle pas plutôt le jeu de ces appétits au lieu de les contenir ? Plutôt que de conduire à leur maîtrise et à leur réduction, ne favorise-t-elle pas leur répétition et leur multiplication et, par là, l'abandon et l'asservissement des individus à leurs propres appétits ? L'étude de l'ascèse cynique permet de répondre à cette objection.

L'ascèse cynique : une affaire de ponoi

La description de l'ascèse cynique par Diogène Laërce dans deux paragraphes (DL VI, 70 ; 71) a donné lieu à une étude détaillée dont nous reprenons les grandes lignes, même si nous nous en écartons sur l'idée que cette ascèse serait un moyen en vue d'une vie selon la nature (*kata phusin*) et que par elle Diogène se serait « engagé sur la voie d'un retour à un état de nature originel que l'homme à ses yeux n'aurait jamais dû quitter » [1].

« Ascèse » traduit le grec *askèsis*, qui signifie exercice, entraînement. Mais pourquoi l'exercice ou l'entraînement sont-ils requis ? La justification avancée par

1. M.-O. Goulet-Cazé, *L'Ascèse cynique. Un commentaire de Diogène Laërce VI, 70-71*, Paris, Vrin, 1986, p. 59, et plus largement p. 57-66. Voir ci-dessus p. 62-64 notre commentaire sur l'improbable recherche par Diogène d'une vie « conforme à la nature ».

Diogène est que « rien, absolument rien [...] ne réussit dans la vie sans ascèse ; celle-ci, en revanche, est capable de triompher de tout » (DL VI, 71). L'objet de l'ascèse, c'est la vie réussie, c'est-à-dire la vie heureuse. Elle n'a donc rien d'une étape préparatoire en vue d'un événement unique et spécifique, d'un avant temporaire en vue d'un après bien délimité, comme un athlète s'entraîne en vue d'une compétition déterminée. Elle désigne au contraire une pratique générale et constante, coextensive à la vie elle-même, et dont l'objet est de vaincre tout ce qui vient faire obstacle au bonheur dans la liberté, bref tout ce qui nous ramène à l'une des formes de servitude étudiées plus haut. En quoi peut-elle donc nous y aider et « triompher de tout » ?

La centralité de l'ascèse dans l'éthique de Diogène se justifie par deux choses au moins. D'une part, il n'y a pas d'ascèse sans effort ou peine (*ponos**), c'est-à-dire sans confrontation à une force, de quelque nature qu'elle soit. Ce n'est que par l'épreuve de cette confrontation que l'individu se renforce lui-même, développe sa résistance et son indépendance par rapport à ces forces qui peuvent l'affecter et entamer sa puissance d'agir et de penser. Ces épreuves nées de la Fortune nous sont fournies par l'expérience ordinaire du réel : maladie, échec, douleur physique ou morale, mais aussi, sous une forme qui n'est plus douce qu'en apparence, sollicitation par les valeurs courantes comme la richesse, le pouvoir ou la gloire, ou encore l'expérience ordinaire de nos désirs les plus anodins. Comment donc y répondre pour ne pas se laisser asservir par les forces qui les suscitent ? En délaissant les « peines (*ponoi*) inutiles » au profit de celles qui sont « conformes à la nature pour vivre heureux » (DL VI, 71). La plupart des hommes font tout le contraire : ils répondent aux *ponoi* (peines) envoyés par la Fortune par un *ponos* (effort) volontaire dont l'effet est toutefois contraire à celui qu'ils recherchent. Au lieu de les libérer de la ou des forces (en particulier leur corps et les valeurs de la société) qui sont à l'origine de ces *ponoi* initiaux, cet effort mal conçu et mal orienté les y asservit d'autant plus. Par exemple, les hommes de pouvoir, plutôt que de renoncer à leurs conquêtes territoriales après une défaite, redoublent d'efforts pour reprendre le dessus, perpétuant ainsi leur soumission à l'appétit de pouvoir qui les domine. De même avec ces athlètes que Diogène attaque pour les vains efforts qu'ils déploient : ils s'illusionnent sur la valeur du combat qu'ils ont mené sur le stade ou la piste en ce qu'ils n'ont en fait vaincu que des esclaves, soit des individus asservis à cette valeur sociale qu'est la gloire, au détriment de la recherche de la liberté (DL VI, 33 ; 43). À ces *ponoi* volontaires et inutiles, Diogène oppose ceux qui sont « conformes à la nature », par quoi il faut sans doute entendre « conformes à la nature de la vie heureuse » [1], et donc à la liberté qu'une telle vie contient. Les *ponoi* volontaires relevant de cette catégorie, par quoi l'individu se fortifie et accroît sa liberté, comprennent d'abord les réponses fournies au moment même où un *ponos* venu de la Fortune se présente : réduit en esclavage, Diogène déclare qu'il sait commander aux hommes (DL VI, 29) ; après avoir reçu des coups, il se promène en ville avec un écriteau pendu à son cou portant le nom de ses agresseurs, pour attirer

1. Je m'écarte du sens impliqué par la traduction de M.-O. Goulet-Cazé : « [les gens] devraient vivre heureux en ayant choisi, au lieu des labeurs (*ponôn*) inutiles, ceux qui sont conformes à la nature [...]. » (DL VI, 71)

sur eux honte et représailles (DL VI, 33). Mais les *ponoi* volontaires incluent aussi les exercices supplémentaires, physiques et moraux, que Diogène s'impose pour se préparer aux *ponoi* venus de la Fortune, comme se rouler en été sur du sable brûlant ou étreindre en hiver des statues couvertes de neige (DL VI, 23), ou encore demander l'aumône à des statues « pour s'exercer à essuyer des échecs » (DL VI, 49).

D'autre part, l'importance de l'ascèse dans l'éthique de Diogène s'explique par contraste avec les philosophies qui réservent la vertu et le bonheur authentiques aux seuls détenteurs d'un savoir suprême et difficile – on songe à Socrate selon qui « la vraie vertu s'accompagne de la pensée » (*Phédon* 69b). L'ascèse diogénienne, elle, rend la vertu accessible à tous, du moins en droit, et ouvre par là une voie vers cette vie facile que les dieux nous ont donnée, mais dont la facilité souvent nous échappe (DL VI, 44). Dans le paragraphe DL VI, 70, Diogène emprunte à Aristote l'idée que toute disposition vertueuse est le résultat d'une pratique répétée et réfléchie : c'est en exécutant des actes courageux qu'on le devient (*Éthique à Nicomaque* 1105a-b). Mais contrairement à Aristote (et à Platon), Diogène ne rentre pas dans l'analyse détaillée des diverses vertus (la justice, la modération, le courage, etc.) et de leur soubassement psychique. Il se contente de dire que, fondée sur la pensée rationnelle commune (*logos*), la vertu ou excellence morale générale est le moyen de la liberté.

L'ascèse de Diogène a deux objets :

> *L'ascèse, disait Diogène, est double, l'ascèse psychique d'une part, et d'autre part, cette ascèse corporelle au cours de laquelle des représentations* (phantasiai), *qui*

> *se produisent dans un exercice constant donnent de la facilité pour les œuvres de la vertu. Mais l'une est incomplète sans l'autre, car vigueur et force sont au nombre des qualités qu'il convient de rechercher tout autant pour le corps que pour l'âme.* (DL VI, 70)

Double dans son objet, l'ascèse est unique dans son but : fortifier l'âme pour faciliter l'exercice de la vertu, ce qui explique que l'un des deux aspects est incomplet sans l'autre. En d'autres termes, même les exercices physiques ont pour but ultime de renforcer la vertu, et pas seulement la robustesse du corps. Ils y contribuent de deux façons. D'une part, la mention des « représentations » (*phantasiai*) renvoie probablement au fait qu'une épreuve physique répétée et volontaire (DL VI, 23) n'habitue pas seulement le corps à supporter des rigueurs excessives, mais doit pouvoir aussi défaire la crainte attachée à la représentation de ces rigueurs. C'est en ce sens que les exercices extrêmes du corps jouent sur les représentations et sont propices à la vertu. D'autre part, les exercices ordinaires du corps favorisent la vertu du seul fait qu'ils fournissent la bonne santé ou la bonne condition physique indispensable pour résister aux *ponoi* de toutes sortes venus de la Fortune. L'ascèse physique n'a rien de l'entraînement sportif des athlètes. Ceux-ci ne sont mentionnés que pour illustrer l'idée que la vertu, comme tout autre art ou savoir-faire, peut s'obtenir par l'exercice. Au même titre que n'importe quel artisan ou que les joueurs de flûte, l'ascèse constante et propre à sa discipline (*tèi idiai ponèsei tèi sunekhei*, DL VI, 70) permet à l'athlète d'atteindre un niveau d'excellence (DL VI, 70), ce qui ne veut pas dire que l'ascèse cynique soit une technique spécialisée. Diogène, au contraire, prend souvent les athlètes pour cibles en dénonçant la double incomplétude de leur entraînement. Non seulement ils se contentent d'exercer leur corps et négligent d'exercer leur âme (DL VI, 70), ce qui explique le contraste qu'on observe chez certains d'entre eux entre la force physique et la faiblesse morale (DL VI, 61) ; mais en outre, leur ascèse repose sur une compétence physique spécialisée, tandis que celle de Diogène a pour objet la vie elle-même. C'est ce qui ressort de l'éducation qu'il dispense ou fait dispenser aux enfants de Xéniade :

> [Il leur apprit] *à monter à cheval, tirer à l'arc, lancer la fronde et le javelot. Puis, à la palestre, il ne permit pas au pédotribe*[1] *de leur donner une formation d'athlètes ; il le laissa seulement leur apprendre les exercices pour avoir de bonnes couleurs et une bonne forme* (euexias). (DL VI, 30 ; trad. M.-O. Goulet-Cazé modifiée)

Loin du geste expert ou technique exigé de l'athlète, la bonne condition physique, obtenue par l'ascèse désigne cet état *général* indispensable à une vie simple et à la confrontation aux divers *ponoi* que les contingences de la vie nous présentent.

La vie simple (*euteleia*) est étroitement liée à cette ascèse physique, dont elle est à la fois le moyen et le but. Prenons l'exemple récurrent de la nourriture, à propos de laquelle la simplicité consiste dans la frugalité. Aux enfants de Xéniade, Diogène apprend « à recourir à une alimentation frugale (*litèi trophèi*) et à boire de l'eau » (DL VI, 31 ; cf. L 27D). Plus généralement, les cyniques

1. Le pédotribe est le maître de gymnastique.

« soutiennent qu'il faut vivre frugalement (*litôs bioun*) », « certains (*enioi*) » allant jusqu'à « se satisfaire d'herbes » (DL VI, 105). Contrairement à ce que pourrait laisser croire la forme paroxystique que les mangeurs de plantes donnent à la frugalité, celle-ci n'est pas motivée par un interdit alimentaire qui serait fondé sur la nature des aliments. Elle ne consiste pas, en particulier, à consommer des aliments naturels et à refuser les produits de la civilisation, à préférer le cru au cuit, et encore moins à devenir végétarien – « les sages, dit Diogène, mangent de tout comme les autres hommes » (DL VI, 56). La frugalité fait bien plutôt de la diététique cynique une véritable « diète éthique » au sens où il s'agit, quand la faim ou la soif se présentent, de reconduire la recherche de la simplicité jusque dans les gestes les plus élémentaires du manger et du boire, en privilégiant les aliments et les boissons que l'on peut se procurer par soi-même, avec le nombre de médiations le plus réduit possible, ce qui dépend chaque fois des circonstances.

Qu'en est-il de l'ascèse psychique ? Elle aussi est une épreuve de confrontation avec l'adversité, les *ponoi* (peines) se présentant alors soit sous la forme d'insultes, de moqueries et de vexations, comme celles que Diogène s'attire (DL VI, 54 ; 58), soit sous la forme de ces sollicitations insensibles qu'exercent les valeurs dominantes comme la richesse ou la gloire. Le *ponos* (effort) volontaire et utile par lequel Diogène répond aux moqueries qui le visent consiste alors à ne pas céder à la honte qu'elles entendent susciter, et à ne pas renoncer non plus à son mode de vie et de pensée. Plus précisément, il déclare ne pas sentir la moquerie et ne prête nulle attention aux moqueurs, qu'il assimile, par analogie avec des ânes, à une espèce qui emploierait un autre langage que celui des hommes, donc dépourvu de signification pour ces derniers (DL VI, 58). L'ascèse psychique consiste aussi à résister à ses propres appétits dans des situations qui pourtant les exacerbent – Diogène admire ces esclaves ne dérobant rien à leurs maîtres qui se goinfrent (DL VI, 28) – ou encore à ne pas utiliser à mauvais escient un avantage immédiat – tel ce joueur de cithare corpulent dont Diogène fait l'éloge parce que sa force physique ne le conduit pas au brigandage (DL VI, 47). Dans ces deux cas, ce qui pourrait passer pour de la passivité, de la résignation ou pour une attitude motivée par la crainte du châtiment est requalifié par Diogène en comportement actif et volontaire, le contraire même de la résignation. De même avec son insensibilité à la moquerie (« je ne sens pas la moquerie », DL VI, 54) : elle semble avoir tout de la soumission aux forces extérieures, alors qu'elle est en réalité une auto-affirmation, le résultat d'un travail de résistance aux valeurs de la cité, ce qui fait de Diogène un « prophète de l'indifférence », selon ses propres termes (L 21D). Ne pas réagir est ici une réaction, non une acceptation passive. Les autres types de *ponoi* psychiques volontaires que Diogène emploie sont, comme au niveau corporel, ces exercices d'endurance tels que l'aumône sollicitée auprès des statues « pour s'exercer à essuyer des échecs » (DL VI, 49) ou encore le fait très général de se refuser à mener une vie d'ermite et de persister à vivre au cœur de la cité, là où des forces contraires mettent à l'épreuve son idéal de liberté et, en un sens, le rendent possible aussi.

Rappelons que l'ascèse ne conduit pas Diogène à exclure de la vie libre et heureuse tout plaisir, puisqu'il ne s'agit d'écarter que les plaisirs dont la satisfaction compromet la liberté. Le plaisir reste présent dans l'éthique de Diogène : il y a d'abord un plaisir à mépriser les plaisirs, et qui est plus grand qu'eux (DL VI, 71) ; il y a aussi la jouissance d'être simplement présent aux choses, à l'exemple du bain de soleil au Cranéion (DL VI, 38) – brève parenthèse de repos sensible avant le retour d'un *ponos* venu de la Fortune et qui prend le visage d'Alexandre.

La liberté : « faire Fortune »

L'enjeu de l'ascèse, c'est donc la liberté (*eleutheria*, DL VI, 71). Mais celle-ci est-elle plus que l'autosuffisance (*autarkeia*) que Diogène conquiert en tâchant de se procurer par lui-même ce qui satisfait ses appétits ? Il semble que oui si l'on observe comment, par l'ascèse, Diogène se positionne face à la Fortune et tente de s'en réapproprier la force active. Pour se soustraire le plus possible à la passivité de celui qui subit les coups du sort – de la soif ordinaire au drame exceptionnel pouvant bouleverser une vie –, Diogène convertit ses manifestations en opportunités ascétiques fortifiantes par une stratégie qui n'est pas seulement, ou pas principalement, de l'ordre de la résistance frontale, de l'endurance acquise à force de coups reçus, même s'il y a bien quelque chose de cet ordre dans le fait de demander l'aumône à une statue. La stratégie de Diogène va plus loin : elle consiste à récupérer la force active de la Fortune, à en épouser le mouvement presque à la source pour coïncider autant que possible avec elle et s'en attribuer comme l'initiative. Ce que Diogène tente, en somme, c'est de « faire Fortune » pour se soustraire à son emprise et atteindre par là une liberté absolue.

Plusieurs anecdotes signalent comment il tente de se rapprocher asymptotiquement de cet idéal. Le bénéfice que Diogène dit avoir retiré de la philosophie, c'est « d'être prêt face à toute manifestation de la Fortune (*pros pasan tukhèn*) » (DL VI, 63). Sans que celle-ci ne cesse jamais d'être une force extérieure à laquelle il faut répondre en actes et, ou, en paroles, Diogène tente de se situer au plus près de son point de surgissement. Certes, la réponse à ses manifestations vient toujours *après* elles, ce qui rend impossible une stricte coïncidence chronologique avec le moment où le « coup » surgit. Pourtant, le geste diogénien consiste bien à se réapproprier la Fortune en s'emparant autant que possible de l'initiative de l'agir. Trois points le montrent.

Premier point – c'est l'aspect chronologique –, le temps de réaction de Diogène aux coups de la Fortune est semble-t-il très bref, presque immédiat en général, du moins toujours adapté au rythme de l'événement et en continuité avec lui. Jamais il n'est dit qu'il s'isole pour réfléchir à une réponse puis qu'il revient pour la mettre en œuvre. C'est dans le présent de la Fortune, plus ou moins étendu selon la nature de sa manifestation, que Diogène (ré)agit, ce qui ne laisse pas de temps ou très peu à ses effets négatifs de se déployer et de l'affaiblir. Mais s'il en restait là, Diogène ne laisserait pas d'être dans la position de celui qui subit, qui fait face (*pros*) aux coups de la Fortune en endossant un rôle passif.

C'est pourquoi, deuxième point, la position de Diogène face à la Fortune consiste aussi et surtout à éliminer cette passivité en la renversant en activité, en saisissant ce que la Fortune lui présente pour en faire l'objet d'une action émanant de sa volonté et orientée vers son idéal de liberté. C'est évident avec son bâton :

> *Affaibli par la maladie, il s'appuyait sur un bâton. Par la suite, il prit l'habitude de porter ses affaires non pas*

> *bien sûr en ville mais sur les chemins au moyen de ce bâton* [...]. (DL VI, 23 ; trad. M.-O. Goulet-Cazé modifiée)

Ce qui servait à compenser une faiblesse passagère est converti en instrument d'une conduite libératoire. Ce qui vaut pour les objets vaut pour les actes et les mots dont Diogène est l'objet. En voici deux exemples, où un même schéma de renversement est à l'œuvre :

> *Au cours d'un repas, des gens lui lançaient des os comme à un chien ; lui, avec désinvolture, leur pissa dessus comme un chien.* (DL VI, 46)

> *À qui lui avait reproché son exil, il rétorqua : « Mais c'est grâce à cet exil, malheureux, que je me suis mis à philosopher ! »* (DL VI, 49 ; trad. M.-O. Goulet-Cazé modifiée)

Dans la première anecdote, l'insulte en acte est retournée contre ceux qui la lui adressent, Diogène prenant l'initiative de l'insulte et mettant ses détracteurs plus bas que des chiens. Dans la seconde, le grief moral de l'interlocuteur est l'occasion de renvoyer ce dernier à son asservissement aux valeurs de la cité et d'affirmer sa propre libération à leur endroit. Dans les deux cas, le coup du sort est retourné comme un gant, l'accident dû au hasard changé en principe d'une action volontaire servant d'exercice libérateur.

Enfin, troisième et dernier point, pour qu'un tel renversement ait lieu, encore faut-il se ressaisir soi-même comme source de ses actes, comme principe de sa liberté. C'est ce qu'on observe en particulier dans l'usage que Diogène fait de son corps, de deux façons distinctes. Il y a d'abord l'accent mis sur les mains comme membres actifs. Privilégier ses mains pour agir, c'est certes faire œuvre de simplicité, c'est réduire les médiations en recherchant ce que l'on peut se procurer par soi-même, en l'occurrence en faisant directement usage de son corps – ainsi de l'épisode du gobelet auquel elles se substituent pour boire de l'eau (DL VI, 37). Mais c'est aussi et surtout faire de son corps le centre d'où se déploient directement nos actes et leurs effets sur le monde extérieur, soit faire de la liberté un corps agissant, manipulant et transformant par lui-même le réel. C'est ainsi que, invité chez le riche Lakydès, Diogène congédie ses esclaves au motif que ses propres mains suffiront pour se servir directement lui-même (L 37D) – c'est aussi ce qu'il apprend aux enfants de Xéniade (DL VI, 31). Les anecdotes évoquant la masturbation peuvent être lues dans ce sens aussi. Celle-ci, on l'a dit, est le paradigme de la simplicité et de l'autarcie, non une invitation à céder à la moindre impulsion de nos appétits. Mais elle est aussi une manifestation de la liberté au sens absolu (*eleutheria*) sous la forme d'une coïncidence totale entre le sujet du désir et l'objet de sa satisfaction, les mains signifiant et réalisant le pouvoir libre du corps agissant.

On pourrait objecter qu'un tel geste de Diogène n'en demeure pas moins suscité par cette force extérieure qu'est la Fortune sous la forme d'un appétit sexuel, et que, plus généralement, en tant que source et origine du surgissement des appétits, la Fortune fait irrémédiablement obstacle à la parfaite liberté de Diogène : ce dernier ne peut d'aucune manière contrôler leur manifestation. Une telle objection ne vaut qu'en partie. Diogène tâche en effet d'exercer un contrôle sur ses appétits au sens large d'exigences corporelles, et ce, de deux façons. D'une part, en ne cédant pas immédiatement à leur impulsion, mais au contraire en étendant l'ampleur de leur contrainte et en y résistant : Diogène ne résiste pas seulement au froid en hiver, il embrasse aussi les statues de marbre ; il ne se contente pas d'être fort face à la chaleur de l'été, il marche en plus sur le sable brûlant (DL VI, 23). Il force ainsi les contraintes de la nature au-delà de leur manifestation ordinaire, comme si lui-même, opérant par excès et dépassement, créait de nouvelles contraintes plus élevées et, par là, une surnature dont lui-même serait le seul principe, la source libre. D'autre part, Diogène contrôle ses appétits en tirant profit et plaisir de ce jeu extrême avec les contraintes de la nature. C'est ce que montre très bien O. Flores-Júnior dans son analyse d'un passage de Dion de Pruse (*Discours* VI, 12) dont il donne une traduction plus fidèle et plus pertinente que celle proposée d'ordinaire : « Sur le chapitre de la nourriture, Diogène *utilisait* (*ekhrèto*) chaque fois sa faim et sa soif. » Dans ce verbe « utiliser », il faut sans doute entendre que Diogène profite de l'occasion de la faim et de la soif pour leur résister un certain temps et en faire un motif de *ponos* utile ; mais aussi et surtout que, en un sens extrême et plus intéressant encore, Diogène va jusqu'à faire de ces appétits, provisoirement du moins, leur propre objet de satisfaction, comme s'il parvenait à faire que la faim se manifestant en lui se contente d'elle-même. On peut sans doute imaginer là un plaisir de la privation, comme le suggère O. Flores-Júnior, mais s'agit-il vraiment encore de privation ? Par ce travail d'ascèse lui permettant de prendre les commandes d'une surnature et d'exercer ainsi sa liberté, Diogène ne convertit-il pas la faim-manque en une faim pleine et déjà rassasiée, dans un schéma de parfaite coïncidence à soi, parallèle à la fois à la transformation du désir-manque en un désir-plénitude, et à la masturbation faite paradigme corporel de la simplicité et de la liberté [1] ?

Tenter de « faire Fortune », c'est-à-dire tenter de se situer au-delà de la nature en en forçant les contraintes pour en être soi-même le maître, c'est ce qu'illustre aussi, pour finir, l'une des versions de la mort de Diogène. Pour certains, il serait mort du choléra en mangeant un poulpe cru (DL VI, 76), tandis que pour d'autres, en voulant partager un poulpe avec des chiens, il aurait été mordu au tendon et serait mort des suites de ses blessures (DL VI, 77). Mais une troisième version, celle du suicide par rétention de la respiration (DL VI, 77), semble aller dans le sens d'un dépassement – porté à sa limite – des contraintes de la nature. Moins en raison du fait que Diogène choisisse le moment de sa mort – même si c'est déjà en soi une façon de se substituer au cours de la nature par un acte de la volonté – que du procédé qu'il emploie pour le faire : sans arme ni poison, soit simplement, avec son seul corps, Diogène joue de nouveau avec une contrainte naturelle qu'il pousse à ses limites en tâchant d'instaurer une surnature dont il détient les commandes. Il y a certes quelque chose de paradoxal dans cette liberté à laquelle un suicide peut servir d'exemple. De cette coïncidence extrême de la liberté avec la mort volontaire, il serait erroné de conclure que Diogène fait l'apologie du suicide comme

1. Voir O. Flores-Júnior, *Le Cynisme ancien : vie* kata phusin *ou vie* kat'euteleian *?*, thèse de doctorat, présentée et soutenue le 2 mars 2013, Université Paris-Sorbonne (Paris IV), p. 71-77.

acte libre. Il faut bien plutôt y voir, au contraire, un signe supplémentaire que la vie de chaque homme est en son pouvoir d'un bout à l'autre en un sens presque absolu. De même que Diogène est né de lui-même par un acte de liberté [1] – en falsifiant la monnaie, Diogène est devenu Diogène le Chien (DL VI, 56) – de même il est mort de lui-même par l'exercice de cette liberté.

Dans un contexte où la servitude est générale, l'éthique de Diogène propose un chemin individuel vers l'autosuffisance et la liberté, auquel lui-même sert de modèle. Fondée sur une refonte radicale de notre rapport à nos désirs, à nos représentations et à notre propre corps, cette libération individuelle signifie-t-elle pour autant que Diogène n'accorde nulle place au politique et au collectif dans cette démarche ? Serait-il, comme beaucoup l'affirment, un penseur apolitique, voire antipolitique ? Il n'en est rien. À la différence de ce qu'on peut observer dans la pensée moderne et contemporaine, l'éthique individuelle et la politique collective sont étroitement liées pour la grande majorité des philosophes grecs : impossible ou presque, selon Platon, d'être un homme de bien dans un mauvais régime politique ; impossible ou très difficile, estime Aristote, d'être un bon citoyen sans être en même temps un homme moralement excellent, ce qui suppose que la cité soit aux mains d'un bon législateur. Si Diogène, on va le voir, n'échappe pas à cette tradition, il la modifie néanmoins en déplaçant le lieu du pouvoir politique du côté des individus ordinaires et non plus des seuls gouvernants, y compris quand il réfléchit à ce que serait un bon régime politique ou une bonne Constitution, ou qu'il critique les

1. Cf. « Cratès affranchit Cratès de son maître Cratès. » (L 9D)

gouvernants. En montrant aux individus comment se réapproprier leur liberté dans un contexte politique marqué par la violence et la servitude, il fait d'eux des agents politiques directement efficaces sur l'ensemble du corps social.

III

Politique de Diogène

Diogène passe souvent pour un penseur antipolitique, ou pour un philosophe qui n'accorde à la politique qu'une place très secondaire. Dans le premier cas, on invoque sa recherche de l'autarcie individuelle ainsi que son prétendu mépris de toute loi et de toute cité. Dans le second, on prend acte de sa *République*, mais on en minimise la portée : le vocabulaire politique de ce texte ne serait que la métaphore de l'éthique cynique ; Diogène n'y décrirait qu'une communauté limitée aux seuls philosophes ; il y proposerait une inaccessible utopie organisée « selon la nature » ; sa réflexion, critique et heuristique, n'aurait pas de contrepartie effective dans les cités réelles [1].

1. Ces quatre dernières interprétations sont respectivement celles de J. L. Moles, « The Cynics and Politics », dans Laks A., Schofield M. (éd.), *Justice and Generosity. Proceedings of the Sixth*

De telles interprétations sont erronées ou, pour la toute dernière, insuffisante : la pensée de Diogène comporte une dimension politique essentielle. Sa positivité tient à ce qu'elle permet de comprendre de la cité et de la vie qu'on y mène, ainsi qu'à sa capacité de les transformer. Car Diogène – tous les témoignages le montrent – vit et pense dans la cité et, en un sens, par elle. L'autarcie individuelle à laquelle il invite les hommes n'implique ni retour à la nature ni atomisme social (ou plutôt asocial). Elle n'est pas, on l'a vu, abolition de tout rapport avec le monde extérieur – individus, événements, opinions –, mais, au sein même de la *polis*, diminution de la dépendance envers l'extérieur, par ce travail d'ascèse relevant de la préparation aux coups de la Fortune. Quand bien même tous les hommes seraient capables d'une telle autarcie – ce qui n'est pas le cas –, cela n'abolirait donc pas pour autant les rapports sociaux, moraux et économiques qui forment la trame de la vie dans la cité, soit, pour Diogène, de la politique. Car plus que dans l'exercice centralisé et vertical du pouvoir, c'est avant tout dans la dynamique horizontale des rapports sociaux qu'il la situe. Aussi, loin d'être une alternative à la politique, la pensée éthique de Diogène débouche plutôt sur une politique alternative qu'on peut résumer de la façon suivante : en incitant chacun à atteindre la liberté et l'autosuffisance par la maîtrise vertueuse de ses

Symposium Hellenisticum, Cambridge, Cambridge University Press, 1995, p. 129-160 ; R. Hoïstad, *Cynic Hero and Cynic King. Studies in the Cynic Conception of Man*, Uppsala, C. W. K. Gleerup, 1948, p. 138-146 ; J. Ferguson, *Utopias of the Classical World*, Ithaca, Cornell University Press, 1975, p. 89-97 ; et S. Husson, *La* République *de Diogène. Une cité en quête de la nature*, Paris, Vrin, 2011.

appétits et l'adoption d'une vie simple, Diogène propose de mettre un terme à la violence engendrée dans la cité par les appétits les plus courants, en particulier le désir d'avoir plus, la recherche du plaisir sans frein, et toutes les formes d'asservissement véhiculées par les valeurs dominantes. En prenant ainsi « soin de tous les hommes », Diogène exerce « la plus belle forme de gouvernement (*politeia**) » (Épictète, *Entretiens* III, 22, 82-83). L'objectif d'une telle politique est de rendre la vie dans la cité à la fois plus sûre, plus égalitaire, plus libre et plus heureuse, plus conforme à l'idée que Diogène se fait de l'homme comme animal rationnel.

Pour saisir les enjeux de cette politique, il faut partir du bilan moral négatif que Diogène dresse des cités existantes et examiner ensuite les raisons politiques de cet état de fait, en analysant les critiques qu'il adresse aux puissants. On pourra ainsi comprendre comment les mesures « scandaleuses » proposées dans sa *République* engagent, à l'inverse, une politique de la paix à l'intérieur comme à l'extérieur de la cité, par la refonte de ses grandes institutions sociales, notamment la famille. On sera dès lors en mesure de montrer que la politique de Diogène n'est pas l'édification d'une utopie, mais la transformation effective, ici et maintenant, de la vie dans chaque cité, et que son cosmopolitisme trouve là son véritable sens. On verra enfin que cette politique renouvelée implique une transformation des échanges et de la sphère économique tels qu'ils se présentent dans les cités ordinaires.

Géopolitique de la morale

La critique politique de Diogène est d'abord une critique de l'état des mœurs dans toutes les cités : en faisant le jeu des appétits tendanciellement les plus asservissants – richesse, sexe, gloire et pouvoir –, les comportements qui y ont cours vont en général à l'encontre de son idéal éthique. Chaque cité est toutefois marquée par des défauts propres, Diogène dessinant ainsi une géographie morale dont voici deux exemples. Comme on lui demande d'où vient un jeune garçon (*paidos*) qui s'est prostitué, Diogène répond : « de Tégée » (*Tegeatès*, DL VI, 61). La paronymie entre Tégée et « *tegos* », terme qui désigne le bordel, fournit l'occasion d'un jeu de mot éloquent qui, par une généralisation abusive, dit tout le mal que Diogène pense non pas du jeune homme, mais de l'éducation et des mœurs que cette cité d'Arcadie inculque à ses jeunes citoyens, dont elle fait finalement des esclaves (c'est aussi le sens de *pais*). Mais des esclaves de qui ? L'anecdote, si elle porte certes sur Tégée, porte aussi sur la cité anonyme de ceux qui interrogent Diogène : ce sont eux et leurs concitoyens, c'est leur propre cité, qui usent des services de ce garçon, ce sont eux qui l'asservissent, parce que eux-mêmes sont esclaves de leurs propres appétits sexuels. Cette anecdote fait clairement écho à ces autres propos attribués à Diogène : « Les serviteurs sont esclaves de leurs maîtres, les gens mauvais de leurs appétits » (DL VI, 66), avec en outre dans le cas qui nous occupe cette idée que la servitude à soi-même est en grande partie responsable des rapports de servitude à l'échelle de toute la société. En évoquant Tégée, Diogène ne stigmatise donc pas une cité qu'il opposerait aux autres : il montre au contraire leur égale déficience éducative et morale, en signalant à qui veut bien l'entendre que Tégée pourrait bien être le nom de toute cité, à commencer par celle de ceux qui l'interrogent.

Le second exemple semble aller contre ce schéma. Dans le contraste qu'il met en scène à plusieurs reprises entre Sparte et Athènes sur la question de l'éducation, Diogène semble accorder sa préférence à la première, ce qui a pu conduire certains commentateurs à croire que Diogène faisait d'elle le modèle de sa *République*. En effet, alors qu'il vient de Lacédémone et se rend à Athènes, on lui demande d'où il vient et où il va : « Je viens de l'appartement des hommes, et je vais dans celui des femmes », répond-il (DL VI, 59). Forts d'une solide éducation militaire, les Lacédémoniens peuvent sans doute prétendre posséder un peu du courage requis pour endurer les coups du sort et se livrer aux exercices – les *ponoi* volontaires évoqués au chapitre précédent – que Diogène pratique pour mieux supporter la Fortune et s'en rendre maître. Les Athéniens, eux, semblent privés de cette qualité, ce qui leur vaut d'être identifiés à des femmes. C'est ce que confirmerait cette autre anecdote : « Comme on lui avait demandé en quelle région de Grèce il voyait de vrais hommes (*agathous andras*), il répondit : "Des hommes (*andras*), nulle part, mais je vois des enfants (*paidas*) à Lacédémone" » (DL VI, 27). Sans être encore des hommes accomplis, faisant preuve d'un courage véritable, les Lacédémoniens paraissent en prendre le chemin et avoir ainsi un avantage sur les membres d'autres cités. Sparte serait-elle donc la cité rêvée de Diogène, celle dans laquelle son idéal éthique aurait le plus de chance de voir le jour ? Une analyse plus détaillée de ces deux passages montre que ce n'est pas le cas, et que cette cité n'échappe pas non plus à la critique de Diogène. Car si Lacédémone semble l'emporter lorsqu'elle est comparée à Athènes, elle n'est toutefois pas grand-chose lorsqu'elle est ramenée à l'ensemble de la

Grèce. Dans la seconde anecdote, l'ambivalence du terme *pais* – enfant et esclave – ouvre en effet la voie à des interprétations négatives. Voir dans les Lacédémoniens des enfants, c'est supposer qu'ils se comportent en imitant des valeurs dont ils n'ont pas examiné le bien-fondé : ils ne se conduisent pas encore par le *logos*, par la raison. En ce sens, encore « esclaves » des conventions (*nomismata*) de leur cité, ils se trompent du tout au tout sur la véritable nature du courage. Ils pensent le trouver dans les valeurs militaires de leur cité, alors qu'il est à trouver dans l'affranchissement du *nomisma* local et dans la recherche de l'autosuffisance et de la liberté. Diogène n'érige donc en aucun cas Sparte en modèle, et la critique indirecte qu'il en propose ne se fait pas non plus au nom d'une autre cité qui serait parée de toutes les qualités, ce que confirmera ultérieurement l'analyse de son cosmopolitisme.

Parce qu'elles n'éduquent pas leurs membres à la façon des cyniques, les cités existantes sont donc toutes, chacune à sa façon, moralement insuffisantes. Elles laissent ainsi libre cours à des valeurs et à des opinions sur les appétits qui se révèlent à la fois asservissantes et, on va le voir, sources de violence.

La critique des puissants ou ce que pouvoir veut dire

Parmi ces appétits et ces valeurs qui forment la trame des rapports sociaux, la richesse occupe pour Diogène une place à part. Avant de cerner son rôle politique, examinons d'abord les traits que Diogène décoche aux puissants, qu'ils soient rois, tyrans ou grands généraux.

Du politique en tyran

Pour Diogène, les travers des gouvernants ne diffèrent pas en nature de ceux des hommes ordinaires, ce qui est déjà une manière de rabattre leur prétention à être des figures exceptionnelles. Alexandre, par exemple, partage l'incohérence du grand nombre et son manque de réflexion sur ce qu'il y a de plus important, à savoir le bien et le mal (DL VI, 68). La véritable différence entre les gouvernants et le reste des hommes est une différence de degré : les défauts des premiers sont démesurés. L'opinion qu'ils se font de leur position dans la cité les conduit à s'imaginer que leur pouvoir est sans limites sur le reste des hommes et qu'ils peuvent en user contre eux comme bon leur semble. C'est à les détromper que s'emploie Diogène en leur montrant, souvent avec insolence, qu'ils n'ont aucun pouvoir véritable sur personne et surtout pas sur lui, et qu'ils en ont même moins que lui en ce qu'ils ne se maîtrisent pas eux-mêmes. L'anecdote déjà citée de la demande d'Alexandre à Diogène prenant le soleil au Cranéion en offre un bon exemple : « [...] "Demande-moi ce que tu veux" [...] » (DL VI, 38). Deux visions du pouvoir se font ici face, enracinées dans deux conceptions différentes du vouloir et du désir. Si Alexandre se propose de servir de médiation entre Diogène et son désir, s'imaginant ainsi avoir du pouvoir sur lui, c'est parce qu'il lui prête sa propre vision du désir ou du vouloir : celle d'un rapport transitif aux choses, tendu vers l'accumulation, l'acquisition et la mise à disposition de toutes les choses extérieures à soi. Avoir du pouvoir, pour Alexandre, c'est avoir les moyens de satisfaire le désir ainsi conçu ; donner aux autres ce qu'ils désirent sans avoir les moyens de se le procurer, c'est donc avoir du pouvoir sur eux. Dans un renversement caractéristique du geste philosophique cynique, Diogène démystifie cette vision des choses, en dénonçant en elle un pouvoir surfait : pour qui a choisi la vie simple et autosuffisante en vue de la liberté, toutes les possessions et tout le pouvoir politique du monde ne sont rien en comparaison du pouvoir de se satisfaire du plaisir simple et immédiat procuré par la chaleur du soleil. Le vrai pouvoir, pour Diogène, est intransitif, c'est le pouvoir sur soi, acquis par l'ascèse. Cessant alors d'être un ensemble d'objets parcellaires convoités et à distance, le monde retrouve pour nous sa proximité, en toutes circonstances et en deçà de tout désir. Dans ce schéma neuf, c'est donc Alexandre qui est en position de demande, voire de mendiant, et Diogène en position de souverain. Le pouvoir a changé de côté, ou plutôt, Diogène révèle de quel côté le vrai pouvoir se trouve. Diogène ne veut rien ou presque, parce qu'il ne désire pas et ne veut pas comme Alexandre s'imagine qu'il veut ou désire : par nature, le soleil, sa chaleur et sa lumière ne se prêtent pas à la transitivité acquisitive du vouloir ou du désir ordinaire. Le soleil est l'objet d'une autre sorte de désir, d'une autre sorte de pouvoir.

L'admiration qu'Alexandre éprouve pour lui préserve Diogène de ses foudres et autorise ce dernier à lui parler avec insolence sans craindre pour sa vie [1]. Pourtant, Diogène ne tance pas moins ceux qui tentent de l'asservir en le menaçant de mort. Ainsi avec Perdiccas, général de Philippe puis d'Alexandre, appelé à devenir l'un des diadoques : « Comme Perdiccas l'avait menacé de le faire

1. « Alexandre, à ce qu'on raconte, dit que s'il n'avait pas été Alexandre, il aurait voulu être Diogène. » (DL VI, 32)

tuer s'il ne se rendait pas auprès de lui, Diogène dit : "Le bel exploit ! Un scarabée ou une tarentule pourrait en faire autant" » (DL VI, 44). Comme avec le général Cratéros qui l'invite à sa table (DL VI, 57) ou Alexandre qui veut le faire venir à sa cour (L 23D) ou lui propose de l'accompagner dans ses campagnes (L 33D), Diogène témoigne de sa liberté de deux façons : il ne se soumet pas à la sommation du puissant, et il conserve son entière indépendance en ne se rendant pas sur le lieu du pouvoir [1], contrairement à Platon auquel il reproche d'avoir séjourné chez le tyran Denys de Syracuse, révélant par là ses propres appétits tyranniques (DL VI, 58 ; L 46D). C'est toujours Alexandre qui vient trouver Diogène, jamais l'inverse (DL VI, 38 ; L 33D). Pour ce dernier, le vrai lieu du pouvoir n'est pas la cour d'un grand, c'est soi-même. En outre, Diogène démystifie le caractère illusoirement exceptionnel du pouvoir de Perdiccas en le comparant à celui d'insectes repoussants et en l'identifiant à une capacité purement naturelle. La menace des puissants est sans effet, non parce que la mort n'est rien mais parce que le pouvoir de la donner n'est en rien un de leurs privilèges.

À ces critiques portant sur les aspects psychologiques de la toute-puissance illusoire des politiques, Diogène ajoute une critique plus spécifique mais qui va dans le même sens : celle de leurs actions politiques. Fait prisonnier (peut-être) à Chéronée – bataille qui signe la soumission de la Grèce à l'Empire macédonien en 338 av. J.-C. – Diogène est conduit devant Philippe II de Macédoine qui lui demande qui il est : « le scrutateur de ton

1. Voir aussi DL VI, 29 : « [...] Il louait également ceux qui s'apprêtaient à vivre dans la compagnie des princes et qui ne s'en approchaient point. »

insatiable avidité », répond-il (DL VI, 43). Diogène met entre parenthèses le caractère géopolitique des immenses conquêtes de Philippe pour les lire comme un symptôme moral. Le pouvoir ne se mesure pas à l'extension du territoire qu'on domine, semble-t-il dire, mais à la maîtrise qu'on a sur soi-même et ses appétits. En relâchant Diogène à la suite de l'étonnement que suscite en lui cette réponse (*thaumastheis*), Philippe veut-il montrer qu'il s'engagera dans la réforme de lui-même, ou ne fait-il que se débarrasser d'un scrutateur gênant de sa mauvaise conscience faite homme ? Quoi qu'il en soit, l'exercice du pouvoir est propice à l'illusion que ce pouvoir est hors du commun, sans limites et à l'entière discrétion de son détenteur.

Tyrannisés par leurs appétits et par l'opinion qu'ils se font de leur pouvoir, les grands, pour Diogène, exercent leur pouvoir en tyrans, qu'ils soient effectivement tels, comme Denys (DL VI, 50), ou non, comme Alexandre qui se comporte pourtant comme eux (L 40D). La tyrannie est ainsi pour Diogène, comme pour Platon dans la *République*, une notion à la fois psychologique et politique, indépendante de la forme constitutionnelle du régime. Est-ce à dire qu'à ses yeux les tyrans sont incurables et que, ne se souciant pas de les inciter à se réformer, il se contente de les invectiver et préférerait les voir morts ? On pourrait le croire à la lecture de ce passage : « Un tyran lui ayant demandé un jour quel bronze il vaut mieux utiliser pour une statue, il répondit : "Celui dans lequel ont été coulés Harmodios et Aristogiton" » (DL VI, 50). En citant à ce tyran le nom de deux tyrannicides [1], Diogène semble vouloir lui dire qu'eux

1. Harmodios et Aristogiton tuèrent le tyran athénien Hipparque en 514 av. J.-C. Des statues furent érigées en leur honneur sur l'agora à une époque ultérieure.

seuls méritent des statues, et que sa mort à lui ne serait pas une mauvaise chose. Pourtant, l'anecdote signifie aussi que pour mériter une statue il faut se battre pour une certaine idée de la liberté et contre les tyrans, bref que la grandeur se mesure par des critères opposés à ceux que les tyrans valorisent d'ordinaire. L'insolence de la réponse enferme donc une proposition de réforme individuelle, qu'il ne tient qu'à l'interlocuteur, ou plus vraisemblablement au lecteur dans la distance que la lecture lui ménage, de relever. Les critiques sévères adressées aux tyrans ont ainsi une dimension éducative, parfois énoncée explicitement : par exemple, dans une critique ouverte de l'éducation dispensée par Platon, Diogène annonce à Denys qu'il va lui envoyer un précepteur cynique, seul en mesure de le débarrasser de son propre esclavage, c'est-à-dire de la tyrannie qu'il exerce sur lui-même et sur les autres (L 29D).

La guerre pour les richesses

Cette ignorance des grands quant à la nature du véritable pouvoir, qui fait d'eux des esclaves qui s'ignorent, est cohérente avec la politique qu'ils pratiquent. Fondée sur la recherche du plaisir sans limites et le désir d'avoir toujours plus, c'est une politique de la violence tournée vers l'accaparement des richesses. C'est ce qui ressort clairement de la *Lettre* 40 de Diogène à Alexandre :

> *J'ai blâmé Denys et Perdiccas, et je te fais à toi aussi le même reproche : vous croyez que commander* (to arkhein), *c'est combattre* (makhesthai) *les hommes. Mais cela n'a absolument rien à voir : ceci, en effet, c'est de la bêtise, tandis que cela consiste à savoir traiter* (khrèsthai) *avec les hommes et à agir en vue du*

meilleur. C'est pourquoi, au lieu de poursuivre, alors que tu ne sais rien, tes entreprises actuelles, cherche donc un homme à qui tu pourras confier ta personne, un homme qui, comme un médecin, pourrait te soigner, toi qui es malade, en te libérant des opinions vicieuses qui sont profondément ancrées en toi aujourd'hui. Car tu ne recherches que les moyens de faire du mal à quelqu'un, mais tu serais incapable, même si tu le voulais, de faire du bien à quiconque. En outre, avoir du pouvoir (kratein) *et avoir des gens sous son pouvoir ne consiste pas, en compagnie des pires scélérats, à piller sans cesse ceux qui nous tombent sous la main. Cela, pas même les meilleures des bêtes sauvages ne le font, et pas non plus les loups – animal plus que tout autre méchant et nuisible – que tu me sembles surpasser en perversité. Car eux, il leur suffit d'être méchants tout seuls, tandis que toi, donnant en plus un salaire aux plus méchants des hommes, tu leur donnes la permission de ne rien faire de sain, et toi-même tu entreprends de commettre des crimes semblables aux leurs et de plus graves encore.* (trad. F. Junqua modifiée)

À l'origine du blâme qu'il adresse ici à Alexandre, Diogène signale cette opinion fausse et courante qui identifie la politique et le pouvoir à un art de combat dont l'objectif principal serait le pillage exercé dans le cadre d'une guerre menée aussi bien à l'intérieur qu'à l'extérieur du territoire civique. La violence d'Alexandre, on le voit, n'est pas simplement une méthode de gouvernement, mais l'objet même de sa politique, mise en œuvre par le personnel dont il s'entoure et qui partage ses vues. La violence que Diogène condamne dans cette lettre n'est donc pas uniquement celle d'un homme qui se conduit en tyran, c'est aussi, et plus largement, celle qu'il entretient et propage dans tout l'appareil politique et, par là, dans toute la société.

Cette politique identifiée à la guerre pour les richesses ne doit pas conduire pour autant à opposer les gouvernants aux gouvernés selon un schéma moral simpliste. En réalité, la violence exercée par les puissants n'est pour Diogène que la manifestation à grande échelle de ce qu'est la violence sociale ordinaire, toutes deux puisant à la même source, celle d'une commune opinion erronée sur ce que sont la richesse, le pouvoir et la gloire. Dans un poème qu'on lui attribue, Cratès explique en effet que dans la cité idéale baptisée « Besace » et fondée sur la frugalité cynique, les individus ne se comportent pas comme on l'observe d'ordinaire : ils « ne s'entretuent pas pour des choses de ce genre », à savoir pour le nécessaire, et ils « ne prennent pas les armes pour de l'argent ni pour la gloire » (DL VI, 85). De même, dans une lettre qu'on peut lire comme un commentaire social, économique et politique de la formule de Diogène : « L'amour de l'argent est la métropole de tous les maux » (DL VI, 50), Cratès reproche aux riches leur idée erronée de la richesse comme acquisition sans limites, qui les conduit à recourir à la violence et à la propager dans toute la cité alors qu'ils ont le nécessaire : « Vous avez du lupin, des figues sèches, de l'eau et des tuniques de Mégare, et pourtant vous prenez la mer, vous faites cultiver de vastes terres, vous vous donnez de la peine, vous vous faites traîtres, tyrans, assassins, et tant d'autres choses de ce genre, alors qu'il faudrait rester en paix » (L 7C).

Cette opinion fausse est à l'origine de la politique dans sa conception commune, celle qui consiste à remettre l'exercice du pouvoir à un homme et, plus largement, à des institutions politiques. Comme le montre sa *Lettre* 33, Diogène décèle dans ce qui ressemble aux prémices d'un contrat social une manière de perpétuer par d'autres moyens la violence de l'état de nature : les hommes ordinaires, écrit-il à Alexandre, se donnent un roi pour protéger et institutionnaliser leur idée de la richesse et de la puissance, c'est-à-dire pour protéger leurs biens de la guerre mais aussi pour la livrer, chacun à son niveau, afin de les augmenter. Outre qu'elle fait d'Alexandre moins le chef de ses sujets que leur instrument, cette lettre dénonce explicitement le désir d'accaparement des richesses donnant leur origine à la guerre et, plus largement, à la politique elle-même. Contrairement aux autres hommes, dit-il, « aucune guerre ne menace de m'arracher ce qui m'appartient, comme c'est le cas pour les Macédoniens ou les Lacédémoniens ou d'autres encore, ce qui les pousse à avoir besoin d'un roi ». En raison de sa pauvreté délibérée, « aucune guerre n'est dirigée [contre lui] », précise-t-il ensuite (L 33D). Cette identification des plans individuel et collectif, on la retrouve dans une lettre de Diogène à Platon : « Qui donc s'attaquerait en ennemi à un homme [*i. e.* Diogène] si autarcique et si frugal ? Contre quel roi, contre quel peuple ceux qui se satisfont de telles choses déclareraient-ils une guerre ? » (L 46D). Guerre des individus entre eux au sein d'une même cité ou guerre extérieure au nom du désir de richesse, c'est tout un : dans les deux cas, cette violence pour acquérir est à la fois l'origine de la politique ordinaire et son objet.

Pour les gouvernants comme pour les citoyens ordinaires, une telle violence est contre-productive. En s'associant avec des scélérats, Alexandre risque d'être tôt ou tard leur victime (L 40D), et les hommes ordinaires qui se laissent prendre au jeu du désir de richesse ainsi conçu vivent dans la crainte et l'envie permanentes (L 7C). Diogène, on le voit, ne se livre pas à une évaluation détaillée des divers types de régimes politiques, contrairement à Platon et à Aristote. Sa critique de la politique est plus radicale : comme exercice du pouvoir sur les hommes, cette dernière est un instrument de violence au service des appétits, de la richesse au premier chef.

À cette politique de la violence, Diogène oppose, dans la lettre à Alexandre citée précédemment, non pas l'abolition du « commander », mais une alternative consistant à « traiter avec les hommes » et à « agir en vue du meilleur ». Que faut-il entendre par là ? En se présentant comme celui qui sait « commander (*arkhein*) aux hommes » (DL VI, 29), comment Diogène peut-il ne pas retomber dans le type de politique qu'il critique ?

La *République* de Diogène : redéfinir la politique et les institutions sociales de la cité

Témoignages et interprétations

Le pouvoir revendiqué par Diogène vise à rendre les hommes capables de s'affranchir des opinions qui ont cours dans leurs cités, en ravivant en eux le pouvoir de la raison. Diogène ne se présente pas en commandeur des hommes pour leur imposer un pouvoir similaire à celui des puissants, mais au contraire pour leur apprendre à se libérer de tout pouvoir extérieur en se maîtrisant. Mais pourquoi donner une dimension politique à cette entreprise, dont les aspects proprement éthiques et individuels, déjà décrits, semblent se suffire à eux-mêmes ? Comment une philosophie invitant chacun à l'autosuffisance peut-elle introduire à la formation d'une communauté civique ? La réponse se trouve dans l'interprétation de la *République* (*Politeia*) que Diogène a très probablement écrite, et dont nous ne gardons la trace que sous la forme des deux témoignages que voici [1] :

> 1) *Il disait que tout appartient aux sages et il formulait des raisonnements par interrogation du genre de ceux que nous avons cités plus haut :*
>
> *Tout appartient aux dieux ;*
> *or les dieux sont amis des sages ;*
> *par ailleurs les biens des amis sont communs ;*
> *donc tout appartient aux sages.*
>
> *À propos de la loi, il disait que sans elle il n'est pas possible de diriger une cité. Il dit en effet :*
>
> *Sans la cité, ce qui est moralement beau* (asteiou) *est inutile ;*
> *aussi la cité est-elle une réalité moralement belle ;*
> *or sans la loi la cité est inutile ;*
> *donc la loi est une réalité moralement belle.*
>
> *Il se gaussait de la noblesse de naissance, de la gloire et de toutes les choses du même genre, les traitant de*

1. Sur les débats concernant l'authenticité et le contenu de ce texte, voir T. Dorandi, « La *Politeia* de Diogène de Sinope et quelques remarques sur sa pensée politique », dans Goulet-Cazé M.-O. et Goulet R. (éd.), *Le Cynisme ancien et ses prolongements*, Paris, PUF, 1993, p. 57-68 ; et S. Husson, *op. cit.*, p. 20-45. La source ancienne la plus solide en faveur de l'authenticité de cette œuvre est le *Peri tôn Stôikôn* de Philodème de Gadara, épicurien du Ier siècle av. J.-C.

parures du vice. Le seul régime politique (politeian) *droit est celui qui est dans le monde* (en tôi kosmôi). *Il demandait la communauté des femmes, ne parlant même pas de mariage, mais du fait d'être ensemble* (suneinai [1]) *pour un homme qui a persuadé* (peisanta) *une femme avec la femme persuadée* (peistheisèi). *Pour cette raison, il demandait aussi la communauté des enfants. Il n'y avait rien de déplacé à ses yeux à s'emparer d'une offrande dans un temple ou à goûter de la viande d'un animal. Rien d'impie non plus à manger de la chair humaine, comme l'attestent les coutumes des peuples étrangers. « Si l'on écoute la droite raison, tout, disait-il, est dans tout et partout ; de fait, dans le pain il y a de la viande, et dans le légume il y a du pain, les autres corps étant en toutes choses du fait que leurs masses s'interpénètrent par des pores invisibles et se réunissent sous forme de vapeur* [...]. » (DL VI, 72-73 ; trad. M.-O. Goulet-Cazé modifiée)

2) *Dans son ouvrage* Sur la Politeia, *quand il* [*i. e.* le stoïcien Chrysippe] *discourt à propos de l'inutilité des armes, il affirme que Diogène soutient la même idée ; cette idée, Diogène manifestement l'écrivit dans la seule* Politeia. *Dans le traité* Sur les choses qui ne sont pas préférables en elles-mêmes, *Chrysippe dit que Diogène dans la* Politeia *décrétait que les osselets doivent avoir un cours légal.* [...] [Selon Diogène], *il faut avoir des rapports sexuels avec ses propres sœurs, sa mère et ses consanguins, avec ses frères et ses fils* [...] *et les hommes doivent tuer leur père et refuser de considérer comme cité ou loi tout ce que nous connaissons*

1. Ce terme désigne aussi bien le fait d'être ou de vivre ensemble que le rapport sexuel.

> [...]. (Philodème, *Peri tôn Stôikôn*, colonnes 15-20, trad. T. Dorandi modifiée)

Ces passages ont donné lieu à deux interprétations principales. La première souligne la tension assez nette qui s'y dessine entre, d'un côté, la tendance à abolir la politique aussi bien par la réforme provocante des institutions fondamentales de toute *polis* que par la transgression, étayée par le second témoignage, des principes de la civilisation ; et, de l'autre, l'affirmation surprenante que la loi et la cité sont des réalités moralement belles. Pour résoudre cette tension, on a proposé d'expliquer le témoignage où Diogène semble défendre la beauté morale de la loi et de la cité par une confusion entre Diogène le cynique et le stoïcien Diogène de Babylone, ou par l'annexion volontaire d'un argument stoïcien à la réflexion de Diogène [1]. La seconde interprétation minimise cette tension et reconnaît dans ces deux passages les linéaments de la pensée politique de Diogène, qu'elle identifie à une position de compromis : il accepterait l'état empirique des cités en attendant la réalisation d'une véritable communauté régie selon ses propres principes. Celle-ci n'aurait plus la forme d'une *polis*, mais se déploierait à l'échelle de l'univers tout entier (*kosmos**) parce qu'elle se confondrait avec le mode de vie cynique individuel, exercé par tous et partout.

Il n'y a pourtant, selon nous, ni tension ni position de compromis dans ces passages, la *République* de Diogène

1. C'est la thèse de M.-O. Goulet-Cazé dans « Un syllogisme stoïcien sur la loi dans la doxographie de Diogène le Cynique. À propos de Diogène Laërce VI 72 », *Rheinisches Museum für Philologie* 125, 1982, p. 214-240.

étant plutôt à lire comme un texte qui falsifie ou déplace la réflexion politique transmise par les œuvres relevant du genre littéraire de la *Politeia* [1], et dont Platon est sans doute le plus illustre représentant avec sa propre *République*. D'une part, on va le voir, les propos sur la famille et le mariage ne signifient pas leur abolition, et les apparentes invitations à la transgression de la prohibition de l'inceste et du cannibalisme sont en réalité des invitations à réfléchir à la vie simple et frugale dans le cadre du dépassement de l'antinomie entre la nature et la loi évoquée au chapitre I. D'autre part, l'évocation de « l'univers » – traduction malheureuse – ne signifie pas non plus l'abolition future des cités : elle renvoie à une idée de la politique qui transcende les frontières des cités particulières et, ce faisant, peut s'appliquer dans chacune d'entre elles. Dans tous les cas, ces deux témoignages ne décrivent ni une utopie ni un programme à remplir. Sur le mode de la provocation et de l'exagération dont il est coutumier, Diogène invite plutôt à repenser les catégories de la philosophie politique de son temps. Examinons ces témoignages, qui éclaireront ce qu'il veut dire par « traiter avec les hommes » quand il oppose sa politique à celle d'Alexandre (L 40D).

Tout est aux sages

La formule « tout est aux sages » donne la clé de la pensée politique de Diogène. Ce dernier vivant frugalement et simplement, sans autres biens que son maigre accoutrement, elle ne désigne pas tant une relation de

1. Voir J. Bordes, Politeia *dans la pensée grecque jusqu'à Aristote*, Paris, Les Belles Lettres, 1982.

propriété ou de possession qu'un rapport au monde où le sage est partout chez lui parce que ce tout, en un sens, dépend ou vient de lui : « tout est *du* sage », dit littéralement le grec, le génitif signifiant ici une origine. Ce tout n'est tout, en somme, que parce que le sage est sage. En effet, tandis que la plupart des hommes vivent sur le mode du manque et se projettent dans l'accumulation indéfinie de parties dans le vain espoir d'acquérir une totalité qui leur sera à jamais étrangère – un peu plus de pouvoir, de richesse, etc., ne donnera jamais tout le pouvoir, toute la richesse, etc. –, le sage cynique élabore au contraire un rapport de proximité partout et avec tout. En d'autres termes, le monde – non pas les choses elles-mêmes mais l'ensemble qu'elles composent – forme une totalité qui procède de lui parce qu'il cesse de l'appréhender comme une juxtaposition de parties se prêtant à une acquisition sans limites. Outre qu'il rappelle que les dieux sont un modèle d'autarcie à imiter (cf. L 11C), un tel raisonnement prépare aussi deux idées énoncées dans la suite du passage : d'une part, si les dieux sont amis des sages, il n'est pas impie de prendre les offrandes dans les temples, quand c'est par souci de proximité, de simplicité et d'autarcie ; d'autre part, si « tout est aux sages », la politique du cynique doit être à l'échelle du tout, nommé « *kosmos* ».

Comment donc inscrire une telle idée dans les cités ordinaires ? Comment créer, en d'autres termes, une communauté d'amis sages ?

La cité et la loi ; le rejet des critères ordinaires du pouvoir ; le cosmopolitisme

C'est ce qu'explique la suite du paragraphe DL VI, 72, en indiquant d'abord la nature de cette communauté : ce sera une *polis* régie par des lois. Les cyniques sont des philosophes des cités, on l'a dit, et loin d'eux l'idée d'une retraite solitaire dans la nature, ne serait-ce que parce que le cynique a besoin d'un public pour faire preuve de sa vertu, pour la renforcer et la propager. C'est peut-être en ce sens que « sans la cité, ce qui est moralement beau est inutile » : l'ascèse, si belle soit-elle et sans rien perdre de sa valeur, n'atteint pas son but si elle demeure un exercice solitaire. Or c'est la loi qui fait la cité : cette dernière n'est pas un simple rassemblement d'hommes, elle est une collectivité organisée par des principes dont les lois sont les énoncés. La loi serait donc elle aussi moralement belle en ce qu'elle permettrait à la cité d'exister et de fournir le cadre d'une vie en accord avec les principes cyniques.

Dans les cités ordinaires, cependant, la loi se prête mal à un tel jugement. Le seul régime politique droit étant pour Diogène celui du *kosmos*, on comprend qu'il « se gausse de [ces parures du vice que sont] la noblesse de naissance, la gloire et toutes les choses du même genre » qui sont érigées en critères du pouvoir dans les cités ordinaires. Cette référence au *kosmos* et à sa *politeia*, qu'il nous reste à déchiffrer, explique aussi que, contrairement à ce que fait Platon au livre VIII de la *République*, Diogène ne se livre pas à l'analyse séparée de chaque type de régime et de la valeur qui y prédomine : sans doute considère-t-il que Platon déploie là une vaine science, quand l'important consiste dans l'exercice d'une citoyenneté pensée indépendamment de la nature des régimes et devant valoir partout. Les conclusions de Diogène rejoignent pourtant celles de Platon : en inspirant leurs lois, les valeurs ordinaires nuisent aux cités parce qu'elles y entretiennent à la fois l'idée d'un monde composé d'une juxtaposition de parties, le désir d'accumulation de ces parties et une représentation fantasmée de la totalité qui rend cette dernière inaccessible. Ces valeurs suscitent alors concurrence et violence, et rendent impossible la réalisation du « tout est aux sages », en commençant par empêcher, ou du moins en rendant difficile, qu'on y devienne sage. Faut-il donc renoncer à la cité et à la loi au profit d'un autre cadre où réaliser l'idéal cynique ?

Telle est l'hypothèse des commentateurs qui optent pour l'origine stoïcienne du raisonnement sur la cité et la loi, comme si déclarer que « le seul régime politique (*politeian*) droit est celui qui est dans le monde (*en tôi kosmôi*) » abolissait purement et simplement la cité comme lieu politique de référence, au nom d'un retour à la nature assimilée à l'« univers ». Mais c'est se débarrasser trop vite de la difficulté que représente l'articulation entre, d'un côté, la reconnaissance de la nécessité de la loi et de la cité, et, de l'autre, le transfert de la rectitude politique au niveau du *kosmos*. Or c'est précisément cette articulation problématique que fait entendre Diogène dans le terme « cosmopolite » ou « citoyen du monde [1] », qu'on a souvent interprété, à tort, comme l'énoncé d'un principe politique négatif : Diogène ne serait d'aucune cité, il rejetterait toute cité,

1. Voir aussi DL VI, 63 : « Comme on lui demandait d'où il était, il répondit : "Je suis citoyen du monde" (*kosmopolitès*). »

ce que confirmerait le passage où, citant des vers de tragédie, il déclare être sans cité (*apolis*, DL VI, 38). Très rare, le terme « citoyen du monde » est proposé (et peut-être forgé) par Diogène pour faire entendre et donner à penser le décalage entre la dimension toujours locale de la citoyenneté et la rectitude universelle, parce que rationnelle, des idéaux éthiques du cynisme. Le cosmopolitisme de Diogène n'est pas négation des cités et de leurs particularités, et pas davantage dépassement de leurs frontières et projection dans une communauté pensée à l'échelle de l'univers. Il est en effet peu probable que *kosmos* signifie ici « univers » au sens physique de la nature, de l'ensemble du ciel et de la terre. Et même si c'était le cas, on voit mal comment la citoyenneté pourrait alors avoir un sens autre que métaphorique. Surtout, on l'a dit, Diogène vit au cœur des cités : il a beau les critiquer, il ne les abandonne pas pour autant. Aussi son cosmopolitisme est-il plutôt une position critique consistant à prendre acte de la particularité de la cité où il se trouve pour déterminer la façon adéquate et chaque fois singulière d'y réaliser les fins éthiques de la vie cynique. En d'autres termes, ce cosmopolitisme consiste à savoir comment faire monde localement, comment atteindre ici et maintenant la liberté par la vertu et la vie simple, non pas en niant les contingences liées aux circonstances et à la relativité des valeurs et des usages locaux mais, tout au contraire, en en prenant acte. C'est ce que montrent les références à diverses cités dans les paroles ou les faits attribués à Diogène, ainsi que ses propositions concernant la famille évoquées dans la suite du témoignage de Diogène Laërce en VI, 72. Commençons par la famille.

Falsifier la famille et au-delà

Le monde (*kosmos*), c'est avant tout et surtout le monde habité, soit l'ensemble des hommes. Or la première forme sous laquelle un homme en rencontre d'autres, c'est la famille, ce qui explique qu'elle soit un objet central de toute réflexion politique. Ainsi, pour édifier la cité juste de sa *République*, Platon proposait que le groupe des gardiens mette en commun les femmes et les enfants. Loin d'abolir la famille, il l'étendait au contraire à l'ensemble de ce groupe en y organisant le mariage et la parentalité de façon à assurer la perpétuation et l'intégrité des compétences requises pour gouverner la *kallipolis**. Dans un geste de radicalisation et d'extension des propositions de Platon, Diogène semble, quant à lui, annuler définitivement et pour tout le monde ce qui fonde la famille antique, à savoir le mariage. D'autres anecdotes sont régulièrement interprétées dans le même sens. Par exemple, « comme on demandait à Diogène quel est le moment opportun pour se marier, il dit : "Quand on est jeune, c'est trop tôt ; quand on est vieux, c'est trop tard" » (DL VI, 54). Ou encore : « Il louait les gens qui, sur le point de se marier, ne se mariaient point ; [...] qui [...] sur le point d'élever des enfants n'en élevaient point [...] » (DL VI, 29) [1]. De même, Épictète considère que le mariage n'est envisageable pour les cyniques que dans une société de sages, mais pas dans les conditions sociales ordinaires, le cas de

1. Voir aussi cette anecdote à propos d'Antisthène : « À qui lui demandait quelle sorte de femme il faut épouser, il répondit : "Épouse une belle, tu la partageras ; épouse une laide, tu en pâtiras" » (DL VI, 3). Cette anecdote est également prêtée à Bion, DL IV, 48.

Cratès et d'Hipparchia n'étant qu'une rarissime exception (*Entretiens* III, 22, 68-70 ; 76).

Une lecture plus attentive signale toutefois les impasses d'une telle interprétation. Diogène, en réalité, n'abolit ni le mariage ni la famille. L'anecdote concernant le moment opportun du mariage ne vise pas à le proscrire, elle signale seulement la difficulté de déterminer le bon moment pour se marier, celui où l'individu est suffisamment maître de lui pour ne pas mettre par là en péril son autarcie et sa liberté. De même, l'éloge de Diogène n'est pas tant adressé à ceux qui ne se marient pas et n'élèvent pas d'enfants qu'à ceux qui reviennent sur leur décision ou leur projet et attendent le bon moment pour le faire, celui où ils seront justement maîtres d'eux-mêmes. Ces passages ne sont pas des critiques du mariage et de la famille, mais des allusions au manque de réflexion avec lequel beaucoup s'y engagent, par obéissance aveugle à la coutume et sans s'inquiéter des conflits qui peuvent en résulter, par exemple dans les cas d'adultère (DL VI, 51 [1]). Si la *Lettre* 47 de Diogène à Zénon semble plus radicale – « Il ne faut pas se marier ni élever d'enfants, car notre nature est faible, et le mariage et la progéniture chargent d'ennuis supplémentaires la faiblesse humaine [...] » –, elle constitue néanmoins un témoignage assez isolé face à ceux qui, selon nous, évoquent de façon beaucoup plus nuancée l'attitude du cynique à l'égard du mariage et de la famille.

Loin d'abolir ces deux institutions, Diogène les falsifie donc. Concernant l'union de l'homme et de la femme, il

1. « Les mariages des gens adultères, [Cratès] les qualifiait de tragiques – ils ont pour prix l'exil et le meurtre. » (DL VI, 89)

la conçoit non plus sur le mode du mariage traditionnel, organisé par la coutume et la loi de la cité, et fondé sur une différence statutaire entre l'époux et l'épouse, mais dans le cadre d'un « être ensemble » (*suneinai*), terme recouvrant aussi bien la cohabitation que le rapport sexuel, où chacun peut exercer son autosuffisance et en jouir. Mais comment cette autarcie peut-elle être conservée dans la vie à deux ? Par le lien sur lequel repose cet « être ensemble », c'est-à-dire la persuasion. Alternative à la contrainte sociale et à l'obligation juridique portées par le *nomisma* (convention) familial et civique, la persuasion est affaire de désir et de croyance et, par là, de confiance. Persuader, ce n'est ni démontrer par des raisons toutes théoriques ni contraindre. C'est, dans le cas précis du cynisme, faire valoir par la cohérence des paroles et des actes une manière de vivre et une manière de penser fondées sur la raison, et attester par là leur supériorité. L'engagement dans la vie cynique est d'abord affaire de persuasion [1], dans laquelle Diogène est maître au point de se gagner nombre d'auditeurs et de disciples (DL VI, 75-76). C'est bien la persuasion qui unit le couple cynique formé par Cratès et Hipparchia. Dans le rejet affiché des critères réglant d'ordinaire le mariage, Hipparchia choisit

1. « Il disait à Xéniade qui l'avait acheté qu'il devait lui faire confiance (*peithestai*), même s'il était son esclave. Car si c'étaient un médecin ou un pilote qui étaient esclaves, on leur ferait confiance (*peisthènai*) » (DL VI, 30, trad. M.-O. Goulet-Cazé modifiée, car « obéir » ne rend pas le jeu de la persuasion à l'œuvre dans l'exercice cynique de la philosophie). « Diogène, à ce que dit Dioclès, persuada (*peisai*) [Cratès] d'abandonner ses terres à la pâture des moutons et de jeter à la mer l'argent qu'il pouvait avoir » (DL VI, 87). Voir aussi DL VI, 94 : Cratès « persuada (*epeithe*) [Métroclès] » par des actes et des paroles.

Cratès contre l'avis de ses parents, pour ses paroles et son genre de vie très peu conventionnels : « Elle s'éprit (*èra*) des discours et du genre de vie de Cratès, ne prêtant attention à aucun de ses prétendants, pas plus qu'à leur richesse, à leur haute naissance ou à leur beauté » (DL VI, 96). Hipparchia adopte alors la tenue et le mode de vie cyniques (DL VI, 97).

On peut certes se demander sur quoi porte cette persuasion et s'interroger sur la nature et la réalité du lien qu'elle est censée créer. Cratès et Hipparchia sont-ils unis par un lien affectif véritable ou ne sont-ils que deux individus adoptant un même mode de vie et de pensée ? Hipparchia n'est-elle, comme le dit Épictète, qu'« un autre Cratès » (*Entretiens* III, 22, 76) ? La citation précédente pourrait en effet laisser penser qu'Hipparchia aime moins Cratès que son cynisme, ce que semble confirmer une lettre que Cratès lui adresse et dans laquelle il déclare l'avoir épousée « à cause de la philosophie, dont [elle]-même [s']était éprise » (L 30C ; voir aussi L 32C). Cratès et Hipparchia, semble-t-il, ne s'aiment pas : ils aiment tous deux la même chose, le même idéal. Pourtant, ce serait méconnaître que « Cratès était tout pour elle » (DL VI, 96) et, surtout, que la vie et la pensée cyniques reposent sur une ascèse exigeant une émulation, un entraînement que le regard d'un être aimant et aimé, qui plus est pris dans le même *ponos* (effort) et tendu vers le même but, ne peut que favoriser. Parce qu'aimer est rechercher le bien de l'autre et l'aider à l'atteindre, il semble clair qu'en prodiguant à Hipparchia de nombreux conseils en vue d'en faire une vraie « chienne » (L 28C ; L 33C), en l'encourageant à continuer de « faire le chien ensemble (*sunkunize*) » (L 29C), Cratès répond à l'amour qu'Hipparchia a pour lui. Entre eux, le lien repose sur l'émulation pour la vertu en vue de la liberté. Ce lien, Cratès en propose la diffusion à toute la sphère de la famille, lorsqu'il recommande à Hipparchia d'élever leur enfant en vue d'en faire aussi un cynique (L 33C). Qu'il s'agisse du rapport des époux entre eux ou des parents envers leur enfant, la famille cynique repose sur un lien qui n'est plus fondé sur le seul souci de survivre, ni sur la coutume et la loi, mais sur la vertu et l'ascèse en vue de la liberté et du bonheur. D'où l'égalité de tous les membres de la famille cynique : époux, épouse, père, mère, enfant, toutes ces fonctions avec leurs statuts respectifs qu'Aristote différencie dans les *Politiques* (1252a24-b27) se trouvent mises sur le même plan, au nom d'un seul et unique modèle de vie valant indistinctement pour tous.

Reste à comprendre l'invitation à l'inceste rapportée par Philodème, qui cadre mal avec notre interprétation. Il n'est pas impossible que Philodème, en épicurien, noircisse le portrait de Diogène dans le seul but de discréditer ses propres adversaires stoïciens, en leur prêtant des positions scandaleuses proches de celles des cyniques. En exposant les propositions aberrantes de Diogène – on notera, outre leur contenu, le « il faut » ordonnant les relations sexuelles avec des consanguins, qui reste difficilement intelligible –, il atteindrait les stoïciens par ricochet. Une autre hypothèse de lecture serait de concevoir l'impératif attribué à Diogène moins comme un programme à réaliser que comme l'une de ses provocations théoriques coutumières. Par une exagération conduisant aux limites du pensable (cf. DL VI, 35), Diogène nous inviterait à la fois à mesurer la forte part de convention dans les rapports familiaux et les sentiments qui s'y nouent, et à reconsidérer dans la sexualité l'étrange proximité envers le partenaire qui, le plus souvent, nous est d'abord étranger. L'autorisation du cannibalisme pourrait, elle aussi, être tenue pour une exagération destinée à provoquer la réflexion. Diogène soulignerait que l'important est moins ce que l'on mange que comment l'on mange dans des circonstances données, en rappelant l'exigence de la simplicité. Sexualité incestueuse et cannibalisme : deux cas extrêmes utilisés par Diogène, non pour donner des directives, mais comme des provocations critiques invitant à repenser la distribution du proche et du lointain. Une telle hypothèse confirmerait d'ailleurs que Diogène n'abolit pas la famille mais pense ses principes à nouveaux frais.

Si la politique de Diogène s'ancre donc dans la famille, elle en déborde toutefois les frontières. Ainsi, à la fin de sa recommandation à Hipparchia d'équiper leur enfant comme un cynique, Cratès conclut qu'« un bâton, un vieux manteau et une besace [sont des] armes bien plus aptes à garder (*phulattein*) les hommes que les épées » (L 33C). L'expression « garder les hommes » peut désigner la protection que le cynique s'assure à lui-même. Mais elle peut aussi renvoyer, plus largement, à celle qu'il est en mesure d'assurer à l'humanité tout entière, pour peu que ses congénères soient persuadés de la valeur de son mode de vie et l'adoptent. Dans une référence critique à Platon – le verbe « garder », *phulattein*, étant celui-là même que ce dernier emploie dans la *République* pour désigner la fonction politique des « gardiens », soit des philosophes-rois et de leurs auxiliaires –, Diogène falsifie le sens et la modalité de la politique, tout comme il la « désarme », ainsi que l'indique Philodème dans le témoignage précédemment cité : ni offensives ni défensives, les « armes » du cynique – à savoir son accoutrement – sont formatrices, pour lui comme pour tous les hommes. On peut comprendre dans le même sens que Cratès incite Hipparchia à renoncer à l'activité traditionnelle des femmes au sein du foyer, le tissage, dont l'utilité est limitée au cadre étroit de la famille, pour se tourner vers la philosophie et par là « être utile à la vie des hommes » (L 30C). Dans ces deux exemples, le bénéfice attendu de la vie cynique dépasse la sphère familiale où elle s'élabore. C'est là un aspect important du cosmopolitisme de la pensée politique de Diogène : favoriser l'extension du sens de la communauté, du « tout est aux sages », depuis la famille jusqu'à ce qui lui est extérieur, sans limites en extension mais tout en prenant acte des institutions sociales fondamentales des cités où le cynique se trouve. En somme, loin d'abolir la famille, il déplace les frontières qui la séparent d'ordinaire du reste de la cité, par une articulation neuve entre les sphères privée et publique.

De la *République* aux cités concrètes : le cosmopolitisme comme relocalisation du monde

La notion de communauté qui organise la réforme cynique de la famille permet d'éclairer l'idée que « tout est aux sages », c'est-à-dire à des amis entre lesquels, rappelons-le, « les biens sont communs ». Il y a communauté pour Diogène dès l'instant que tous (ou la plupart) adoptent le même rapport au proche et au lointain. Son cosmopolitisme œuvre ainsi dès le niveau élémentaire de toute société : le proche et le lointain ne sont plus déterminés par les lois de la cité, qui souvent opposent la cellule familiale privée à la communauté civique, mais par l'exigence de mener une vie simple dans la vertu en vue de jouir de la liberté. Mais il œuvre aussi, et dans le même sens, à un autre niveau, plus familier à nos oreilles modernes quand on évoque le cosmopolitisme : celui des relations entre les cités, ainsi qu'entre les individus et les diverses cités. Dans le cas précis de Diogène, l'étude de son rapport avec les lieux concrets qu'il occupe et, en particulier, avec les cités qu'il traverse confirme que son cosmopolitisme, son « être-citoyen-du-monde », n'a rien à voir avec l'obéissance à une improbable Constitution de l'univers ni avec le rejet des frontières de chaque cité au profit d'on ne sait quelle communauté abstraite. Il désigne au contraire une façon de localiser le monde, de faire de toute cité et de tout lieu urbain un *kosmos* – un lieu propice au « tout est aux sages » – en prenant acte de sa particularité, jaugée rationnellement à l'aune de l'idéal éthique des cyniques. C'est ce geste même qui, pour Diogène, définit l'exercice de la citoyenneté. Deux situations le montrent bien : l'exil de Sinope et l'appropriation de lieux particuliers dans les cités.

L'exil

Une partie non négligeable des anecdotes relatives à Diogène portent sur des lieux. À commencer par son exil de Sinope, à propos duquel on ne sait trop s'il fut exilé ou s'il s'exila de lui-même quand la cité se préparait à le bannir pour le châtier d'avoir falsifié de la monnaie (DL VI, 20). Un tel flou est moins à comprendre comme une lacune documentaire – ce qu'il est sans doute aussi

– que comme un témoignage sur la façon dont Diogène renverse un coup de la Fortune prêt à s'abattre sur lui : au lieu de le subir, il se le réapproprie en en faisant l'objet de sa propre intention et une manifestation de sa liberté.

Pour comprendre la portée de ce geste, il faut rappeler que l'exil est un châtiment terrible et très mal perçu dans l'Antiquité. Être exclu de la *polis*, c'est se voir signifier un arrêt de mort sociale et civique, c'est perdre son statut d'homme dans un univers où l'humanité se définit avant tout par la citoyenneté. Aristote le dit clairement : être « *apolis* » est le fait d'un être supérieur à l'homme ou, cas plus fréquent, d'un être inférieur à l'homme (*Politiques* 1253a3). Sont exilés ou ostracisés ceux qui représentent une souillure pour la *polis*, une intolérable menace pour ses valeurs [1] : parce qu'ils ont franchi les frontières du permis et du tolérable, ils doivent franchir celles de la cité. Rien d'étonnant, donc, à les voir entachés d'opprobre aux yeux de leurs concitoyens comme à ceux de certains citoyens des cités qu'ils sont amenés à traverser. C'est ce qui arrive à Diogène : « on lui fit reproche de son exil » (DL VI, 49). Dans un nouveau geste de réappropriation des coups de la Fortune, Diogène oppose alors aux opinions de l'homme du commun, qui juge à la lumière des mœurs de sa cité, une réponse qui inverse la valeur prêtée d'ordinaire à l'exil : « Mais c'est grâce à cet exil, malheureux, que je me suis mis à philosopher ! » (*ibid.*). Le malheureux n'est pas celui qu'on pense : c'est celui qui croit aveuglément aux valeurs de sa cité et à leur prétendue évidence, qui n'est pas capable de les voir à distance et, par là, de se mettre à philosopher. Le malheureux, c'est celui qui ne s'exile

1. H. Joly, *La Question des étrangers*, Paris, Vrin, 1992, p. 59.

pas, qui reste dans sa cité. C'est ce que Diogène dit dans cette réplique savoureuse, typique du style mi-sérieux mi-comique (*spoudaiogeloion*) des cyniques évoqué au chapitre I, où l'humour le dispute à la profondeur : « Quand, une autre fois, quelqu'un lui dit : "Les gens de Sinope t'ont condamné à l'exil", il répliqua : "Eh bien, moi, je les ai condamnés à rester" » (*ibid.*). Il y a là, bien sûr, une attaque contre une cité particulière, celle où Diogène serait né, aurait grandi, aurait été éduqué à suivre la carrière de son père banquier, au service de la cité et de son *nomisma* (convention) le plus symbolique qu'est l'argent. En quittant Sinope, Diogène condamné devient Diogène qui condamne, parce que, d'un état à l'autre, les critères de jugement ont changé : en s'exilant, Diogène a rencontré l'altérité. En quoi consiste-t-elle ? N'est-elle qu'un autre *nomisma*, celui d'une autre cité, Athènes ou Corinthe, où il semble avoir passé l'essentiel du reste de sa vie ? Le cosmopolitisme de Diogène ne serait-il alors que l'acceptation indifférente de la relativité des cités et de leurs lois ?

Il n'en est rien. Sa sortie de Sinope est pensée et vécue par Diogène comme une entrée dans le domaine de la raison, sans laquelle la vie n'a pas de sens (« Il répétait que si l'on veut être équipé pour vivre, il faut la raison (*logos*) ou une corde » DL VI, 24). Son exil, s'il est volontaire, est une réponse adaptée à une situation particulière dans une cité elle-même particulière. En cela consiste pour lui l'exercice d'une citoyenneté attentive au lieu de sa mise en œuvre ainsi qu'aux valeurs qu'elle défend. L'exil de Diogène n'est donc ni l'acceptation passive d'un destin ni une attitude de principe qu'il répéterait après un certain temps passé dans chaque nouvelle cité qui l'accueille, ce qu'aucun témoignage ne corrobore d'ailleurs. Cet exil n'est qu'un cas particulier de son cosmopolitisme, lequel est une appréhension rationnelle et neuve du local à la lumière des circonstances, au nom de la finalité de l'éthique cynique. C'est ce que confirment les anecdotes concernant les lieux publics fréquentés par Diogène.

S'approprier les lieux publics et domestiques

En effet, le cosmopolitisme de Diogène, au sens qu'on vient de lui donner, opère aussi à ce niveau. « [Diogène] se servait de tout lieu pour tout, manger, dormir et discuter » (DL VI, 22) : en d'autres termes, il n'abandonne pas les lieux de la cité, il les détourne de leur fonction et des valeurs qu'ils incarnent et diffusent, pour leur donner une valeur d'usage conforme à son projet éthique.

Ce principe théorique et pratique est mis en œuvre à deux niveaux. Il consiste d'abord à abolir la frontière admise entre les registres domestique et politique, privé et public, dans la continuité de ce qu'on a vu précédemment à propos de la famille et du mariage. Ainsi, montrant le Portique de Zeus et le Pompéion, Diogène déclare que les Athéniens les ont construits pour qu'il y réside (DL VI, 22) : détournement privé d'un lieu public, détournement profane de lieux religieux, mais en aucun cas, on le voit, abandon des lieux. Cette même frontière est aussi abolie sur l'agora, lieu central de la vie civique qui concentre les activités politiques, économiques et sociales de la cité. Là, Diogène prend son repas, acte privé. On lui en fait, de nouveau, le reproche, à quoi il répond que « c'est là qu'il a faim » (DL VI, 58 ; cf. VI, 69). Plus provocant encore, il y fait l'amour

(DL VI, 69), imité en cela par Cratès et Hipparchia qui font de même « au grand jour » (DL VI, 97) (donc, certes, pas forcément sur l'agora en tant que telle). De telles conduites ne sont pas un appel à supprimer les lieux publics mais, par la prise en compte de leur particularité, un exercice politique consistant à en faire des espaces ouverts à la vie cynique.

Le cosmopolitisme de Diogène opère jusque dans le lieu qui lui sert de maison. Où habite-t-il en effet quand il ne dort pas sous les portiques ? Faute d'obtenir la maisonnette qu'il attendait, il élit domicile dans une jarre (DL VI, 23), logis éphémère et fragile à l'encontre de la demeure en dur, logis sommaire et simple à l'encontre de la maison somptueuse de l'homme au visage duquel Diogène crache son mépris de l'amour des richesses (DL VI, 32). Il n'y a là aucun refus de l'*oikos*, de la demeure domestique ordinaire, mais sa transformation en un lieu de liberté, par l'arrachement aux opinions qui, en son sein, colportent la servitude. C'est en ce sens que Diogène se qualifie lui-même d'*aoikos*, de « sans maison » (ou de « sans famille », DL VI, 38), et non pas au sens où il refuserait radicalement l'institution de l'*oikos*, maison ou famille. Le comble d'un tel exercice du cosmopolitisme par Diogène est que sa jarre est placée au centre de la cité, sur l'agora, plus exactement au Métrôon (DL VI, 23), ce temple dédié à Cybèle, la mère des dieux. D'un même mouvement, Diogène transforme l'agora non en la désertant, mais en se réappropriant sa centralité symbolique, et la vide de ses valeurs et de ses fonctions admises en y inscrivant un lieu domestique, lui-même transformé au nom de son idéal éthique.

Le cosmopolitisme de Diogène consiste donc à exposer en mots et à exercer en actes une forme de citoyenneté par laquelle il articule des lieux par définition particuliers, de nature et d'extension variables, à une pensée rationnelle qui, en les ordonnant à l'idéal éthique cynique, fait de chacun d'eux un monde où tout peut être aux sages.

Falsifier les échanges et l'économie

Cette transformation de la politique ne saurait être totalement menée à bien sans celle des échanges et, plus généralement, celle des pratiques économiques. Car outre le fait que les cyniques vivent dans les cités et ne peuvent échapper à la sphère économique, celle-ci porte en elle une dimension politique en ce qu'elle imprime sa marque à une grande partie des relations humaines au sein de la cité. Quel diagnostic Diogène porte-t-il donc sur les échanges et, plus largement, sur l'économie des cités qui l'accueillent ? Dans le témoignage cité précédemment, Philodème signale que, dans sa *République*, Diogène aurait proposé de substituer des osselets aux pièces de métal. Écho évident à la falsification de la monnaie, il y a là une invitation à réfléchir à la relation entre la valeur et le prix ainsi qu'à la façon dont un système économique, en faisant circuler des valeurs par le biais des prix, contribue à configurer les relations morales entre les hommes au sein de la cité. Examinons donc d'abord les réflexions critiques de Diogène sur le prix et la valeur dans les cités ordinaires, pour voir ensuite comment il propose de les falsifier par des pratiques économiques renouvelées – la réduction de la quantité de travail et la mendicité.

La monnaie : du prix à la valeur

Diogène, on l'a dit, naît à la philosophie par un geste critique envers le *nomisma* de Sinope. Outre sa portée générale – la remise en cause de l'institution ordinaire des valeurs dans les cités –, ce geste comporte une signification strictement économique, le terme *nomisma* désignant non seulement la convention, mais la monnaie (établie par convention [1]). Attaquer ainsi l'instrument de l'échange marchand et l'étalon économique de la prétendue valeur des choses sous la forme de leur prix, c'est dénoncer la fausse « mesure » de la démesure sociale, abusivement institutionnalisée sous la forme d'une convention passant pour naturelle aux yeux de la plupart des hommes. C'est aussi s'en prendre à la banque de Sinope comme garante de la valeur de la monnaie, soit à une institution à la fois politique et économique qui propage dans toute la cité une croyance mensongère et indirectement génératrice de violence. C'est également, on le verra, s'en prendre au commerce. Cette attaque fondatrice contre la monnaie a beau n'être qu'un cas particulier d'un geste plus large de critique du « *politikon nomisma* », de la « monnaie politique », soit de toutes les valeurs ayant cours dans la cité (DL VI, 20), elle n'en porte pas moins aussi, et peut-être d'abord, sur la valeur dont la portée symbolique et concrète est sans doute la plus forte parce qu'elle est la plus reconnue et que ses effets sont ceux qui se font le plus sentir dans la cité.

Diogène dénonce notamment le décalage incohérent entre le prix des choses et leur valeur véritable, mesurée

1. Voir Aristote, *Éthique à Nicomaque* V, 8, 1133a30.

à l'aune de l'autosuffisance : « Ce qui a beaucoup de valeur, disait-il, se vend pour rien et inversement : en tout cas, une statue se vend à 3 000 drachmes, alors que pour deux sous de cuivre on a un chénice de farine » (DL VI, 35) [1]. Que le prix du superflu soit plus élevé que celui du nécessaire dit l'absurdité et le caractère conventionnel des valeurs mesurées par l'argent et la cité qui l'institue. Diogène ne demande pas que la farine coûte plus cher qu'une statue : il pointe seulement l'incohérence commune qui confond prix et valeur, et qui oublie que la valeur des choses se mesure à leur degré d'utilité pour obtenir la liberté par l'autarcie et la simplicité. Le véritable étalon de mesure de la valeur des choses est un bien éthique, là où celui des prix est un faux bien social.

Sur le mode de la boutade plaisante et sérieuse à la fois, la proposition de remplacer l'argent par les osselets, soit un objet servant de jeu aux enfants, est à comprendre dans cette perspective. Elle ne vise pas à créer une monnaie fiduciaire dans une société utopique, mais d'abord à dénoncer l'illusion de valeur matérialisée dans l'argent : comme les enfants, les hommes croient aveuglément à la valeur de la monnaie et prennent au sérieux ce qui n'a pas plus de valeur intrinsèque que la pièce d'un jeu régi par des règles. Mais ce que Diogène pointe aussi et surtout dans le prix que la monnaie cautionne, c'est l'imaginaire social présidant à l'évaluation des choses. Avec la falsification de la monnaie, c'est le processus collectif d'institution des valeurs dans la cité qui est visé.

1. Le chénice est une mesure de volume dont l'unité équivaut à 1,08 litre.

Le travail réduit

S'en prendre à la monnaie, c'est aussi s'en prendre au travail et au commerce en tant que pratiques économiques consacrant la richesse comme valeur centrale de la cité. À l'inverse, la simplicité de la vie ou *euteleia*, qui repose sur la réduction des médiations entre le besoin et son objet ainsi que sur la diminution du nombre des besoins eux-mêmes, se traduit dans la sphère économique par le fait que Diogène borne le travail à l'activité minimale exigée par l'autarcie, et qu'il n'hésite pas à mendier sa subsistance ou de l'argent (DL VI, 46, 49, 67 ; L 10D). Examinons ces deux points.

Les cyniques acceptent de menus travaux sans intérêt ni prestige quand les circonstances font que c'est l'unique façon, et la plus directe, de subvenir à leurs besoins. Il y a peu de références au travail dans les témoignages concernant Diogène, mais il partageait très probablement les vues d'Antisthène pour lequel un travail, si médiocre fût-il, suffirait à lui procurer le nécessaire si d'aventure on lui volait ses maigres possessions (Xénophon, *Banquet* IV, 40). Télès, quant à lui, minimise la pénibilité du travail, en l'attribuant à une conception erronée de la vie bonne : « Nous sommes incapables de nous contenter de ce dont nous disposons présentement, chaque fois que nous faisons de grandes concessions à la mollesse et que nous jugeons [*i. e.* à tort] le fait de travailler (*to ergazesthai*) comme [un mal] et la mort comme, en quelque sorte, le dernier des maux » (trad. P. P. Fuentes González ; *Sur l'autarcie*, fragment II, 11). Pour la plupart des hommes, explique Télès, le désir d'immortalité, la recherche du plaisir sans effort et le désir de posséder toujours plus ne peuvent que rendre le travail indésirable, comme s'il était un obstacle à ces trois aspirations, alors que ce sont elles qui font obstacle au bonheur et discréditent le travail. Les cyniques libèrent ainsi le travail de sa valeur infamante sans en faire pour autant une valeur positive, et vont jusqu'à assumer eux-mêmes les tâches serviles. Par exemple, reçu avec luxe chez un certain Lacydès, Diogène aurait refusé d'être servi par des esclaves, non pour dénoncer l'institution de l'esclavage, mais au nom de la simplicité : « point d'esclaves ici pour le service, nos mains suffiront à cette tâche » (L D37). Pour cette même raison, il apprend aux enfants de Xéniade « à se servir eux-mêmes en usant d'une nourriture simple et en buvant de l'eau » (DL VI, 31 ; trad. M.-O. Goulet-Cazé modifiée) : la simplicité diététique abolit la nécessité des esclaves et transfère au cynique l'exécution des tâches qui leur sont d'ordinaire réservées, tâches dès lors converties en exercices libératoires (*ponoi*). Comme la plupart des hommes de son temps, Diogène tient donc le travail à distance pour sa dimension servile, mais la servilité dans le travail ne tient pas pour lui au statut de ceux qui l'accomplissent : elle tient à l'état moral de tous ceux qui, de condition libre, emploient des esclaves parce qu'ils sont esclaves de leurs propres appétits. C'est le refus de cette servitude-là qui explique à la fois que Diogène et les cyniques acceptent le travail et fassent tout pour le limiter.

S'il n'est sans doute pas faux de dire que, « dans une cité cynique, le travail devrait [...] se limiter à une culture vivrière de subsistance élémentaire » [1], ainsi qu'à un artisanat sans doute très restreint, on ne saurait pour

1. S. Husson, *op. cit.*, p. 117.

autant voir là le programme économique d'une cité exclusivement peuplée de cyniques accomplis. Il faut sans doute y lire plutôt la description d'une tendance économique à mettre en place au sein des cités ordinaires, sans toutefois jamais exclure les arts du luxe et les techniques complexes, dont les produits peuvent, eux aussi, faire l'objet d'un usage cynique : Diogène dormait sous les porches des temples, dont la construction exigeait de hautes compétences techniques et artistiques.

Platon voyait dans la répartition du travail – fondée sur l'ampleur des besoins humains et accrue par la contrainte de la spécialisation technique (*République* II, 369b-373d) – la source de l'interdépendance sociale. Diogène et les cyniques prennent acte de l'inflation de ces interrelations, qui met en péril l'autarcie et donne lieu à des activités économiques motivées par le seul souci du gain (le commerce par voie de mer, la culture de vastes exploitations) au mépris des limites requises par la conduite vertueuse (voir L 7C et DL VI, 85). Mais, à la différence de Platon, leur solution ne consiste pas à confier à un gouvernement d'experts le soin de réorganiser une économie collective en vue de l'autosuffisance de la cité. Elle consiste plutôt, d'une part, à limiter le plus possible l'interdépendance matérielle entre les individus au moyen d'une économie bornée à ce que l'individu peut, jusqu'à un certain point, se procurer par lui-même (DL VI, 105), ce qui suppose qu'il diminue le plus possible ses besoins. Elle consiste aussi, d'autre part, à détourner ou à falsifier la fonction et la valeur sociale des produits des arts les plus complexes ou les plus prestigieux aux yeux de l'opinion commune. Il y a bien encore une dimension économique et, par là, politique dans cette recherche de l'autosuffisance individuelle, en ce qu'elle permet le renouvellement des rapports sociaux au nom de la paix et du bonheur, et ce, grâce à une ascèse individuelle dont les effets se répercutent sur l'ensemble de la *polis*. La pratique de la mendicité participe du même projet.

La mendicité

Dans les cités dont Diogène est familier, les échanges économiques sont monétaires. La mendicité pratiquée par Diogène les falsifie de quatre façons. Elle démystifie la valeur conventionnelle de la monnaie, désormais inutile, en indexant l'évaluation relative des choses ou des services non plus sur un quelconque *nomisma* (convention), mais sur le critère rationnel et non relatif de l'autosuffisance individuelle. Elle défait la réciprocité de l'échange marchand et la forme particulière de coopération – ou, du point de vue de Diogène, de division – sociale et économique qu'il implique et qui est fondée sur le partage des tâches et la distribution des produits du travail. Elle empêche l'accumulation d'argent et les maux moraux, sociaux et politiques que celui-ci entraîne (cf. DL VI, 50). Elle relève d'un *ponos* qui expose et prépare le cynique aux coups de la Fortune puisque, contrairement à la réciprocité inhérente aux échanges économiques monétaires, le mendiant ne choisit pas ce qu'il recevra et n'est pas même certain de recevoir quoi que ce soit.

Aussi la mendicité ne reste-t-elle synonyme de parasitisme que pour l'opinion commune, conformément à une représentation qu'on trouve déjà chez Homère. Diogène récuse cette signification admise pour lui en forger une autre dans un univers de sens désormais centré sur la liberté. Pour ce faire, il conçoit la mendicité comme un nouveau modèle d'échange, qui remplace la transaction compensatoire de l'échange marchand – un donné pour un rendu. L'alternative diogénienne à laquelle la mendicité sert de nouveau paradigme se présente sous deux formes. La première, encore assez proche du schéma de la transaction compensatoire, apparaît dans les *Lettres cyniques*, où Diogène inverse le sens de la mendicité en substituant à la posture du mendiant qui quémande celle du mendiant qui accepte de recevoir. Il déclare ainsi n'accepter de pain que de ceux auxquels il a « rendu service [...], [estimant] qu'il n'est pas bien d'accepter de qui n'a rien reçu », et il ne dîne que « chez ceux qui ont besoin d'un traitement », c'est-à-dire de philosophie (L 38D). L'idée est ici de rendre légitime la mendicité en la concevant comme une forme d'échange et de réciprocité. Une transformation semblable a lieu dans certaines *Lettres de Cratès*, avec une dimension morale en prime. Cratès recommande en effet à ses disciples de ne pas accepter les dons du premier venu, « car la morale interdit à la vertu d'être nourrie par le vice », mais de solliciter uniquement ceux qui sont « "initiés à la philosophie" [car] il sera alors permis [aux cyniques] de réclamer ce qui [leur] appartient et de ne pas paraître (*mè dokein*) mendier ce qui ne leur appartient pas » (L 2C ; cf. 22C ; 36C). Les limites qui encadrent la mendicité se justifient ici éthiquement. Le choix d'un donateur vertueux évite en effet le risque de corruption du donataire, et évite aussi à ce dernier de passer pour un parasite. Le geste de sollicitation du cynique n'a plus alors de la mendicité que la forme extérieure et le résultat, mais il n'en a plus du tout le sens. Comme Frédéric Junqua le montre très bien, ces *Lettres* sur la mendicité sont probablement destinées à la fois aux disciples – pour les encourager et leur dire qu'une telle pratique n'est pas honteuse (L 33D et 34D) –, aux adversaires des cyniques – sans doute les personnes sollicitées et exaspérées de l'être, auxquelles il faut expliquer le sens d'un tel geste –, enfin à leurs parents – pour les consoler de voir leurs enfants se livrer à la mendicité [1]. Dans tous les cas, les *Lettres cyniques* transforment la signification de la mendicité en redorant le blason d'une pratique socialement dépréciée. Mais en y voyant un système de don et de contre-don, elles la conçoivent encore sur le modèle de la transaction compensatoire à l'œuvre dans l'échange marchand. En outre, elles cautionnent l'idée d'une possession des biens, satisfaisant un désir pensé et vécu comme manque, alors que le Diogène de Diogène Laërce conteste vivement de telles idées.

Il faut se tourner vers un témoignage de ce dernier pour voir la mendicité cynique constituer une seconde forme de l'échange, neuve et cohérente avec la critique diogénienne de la possession et du désir-manque. Diogène le Chien, en effet, ne quémande pas (*aitein*) auprès de ses amis, il leur demande son dû (*apaitein*) (DL VI, 46) en vertu du fait que « les biens des amis sont communs » et que « tout appartient au sage » (DL VI, 72 ; cf. L 10D ; 19C ; 26C). Si le jeu de mots entre « mendier » ou « réclamer » d'un côté (*aitein*), et « obtenir son dû » de l'autre (*apaitein*) est ici identique à celui de la

1. F. Junqua, *Lettres de cyniques : étude des correspondances apocryphes de Diogène de Sinope et Cratès de Thèbes*, thèse de doctorat soutenue en 2000, Université Paris-Sorbonne (Paris IV), p. 213-257.

Lettre de Cratès citée précédemment (L 2C), en revanche il n'est pas fait mention d'un quelconque souci des apparences, contrairement à ce que la formule de Cratès laissait entendre : « ne pas *paraître* mendier ce qui ne [vous] appartient pas ». Les deux formules de sagesse qui, chez Diogène Laërce, fondent le passage de « mendier » (*aitein*) à « obtenir son dû » (*apaitein*) invitent en effet à penser la « mendicité » sur un modèle qui n'est ni celui de la transaction monétaire ni celui du don/contre-don, mais celui de la circulation, de la transition ou du passage : sorte d'échange sans perte où ce qui est prélevé n'occasionne aucun manque, n'est soustrait à personne. Par cette mendicité repensée, l'échange accomplit sa fonction de lien sans jamais causer de différends. Ce modèle, seulement esquissé, est parfaitement cohérent avec la transformation du sens et de l'expérience du désir évoquée au chapitre précédent : au désir-manque tourné vers l'acquisition de ce qu'on n'a pas, Diogène substitue le désir comme jouissance de ce qui se présente à ma portée et que je peux me procurer par moi-même.

Un tel renouvellement du sens de la mendicité permet de répondre définitivement à l'objection selon laquelle la mendicité de Diogène serait incompatible avec sa quête d'autarcie individuelle. Outre que celle-ci n'est pas l'absence de tout rapport avec l'extérieur, mais la tendance à la diminution de ces rapports, la mendicité telle que Diogène la conçoit est un acte politique : elle transforme les rapports sociaux en faisant circuler un système d'évaluation de toute chose dont l'autarcie individuelle est précisément la mesure, et elle suspend la violence engendrée par le désir d'accumuler.

L'économie de Diogène est une dimension essentielle de sa politique parce qu'elle concerne la maîtrise de nos appétits, dont dépend notre rapport à nous-mêmes, aux autres et par là à toute la société. Plutôt que d'abolir les institutions et les instruments économiques qu'on trouve dans la plupart des cités – la monnaie, le travail, le commerce, l'esclavage –, Diogène propose de modifier le rapport que nous entretenons avec eux, en partant d'une transformation de nous-mêmes et de nos idéaux.

Horizon

Telle qu'elle est esquissée dans sa *République* et quelques autres témoignages, la politique de Diogène ne contredit pas l'autarcie individuelle qu'il place au cœur de son éthique : elle en est à la fois l'aboutissement et la condition de possibilité. Loin d'appeler à un perfectionnement éthique solitaire au détriment de la cité, et de faire prévaloir l'individuel sur le collectif [1], Diogène les pense conjointement. C'est dans et par le rapport à l'autre, à tous les autres, que l'autarcie et la liberté cyniques s'élaborent, les performances de Diogène en ce sens étant toujours placées sous le regard d'au moins un spectateur qui lui renvoie son exceptionnalité et peut y puiser un modèle.

En elle-même, loin de proposer une inaccessible utopie, la politique de Diogène invite à « traiter avec les hommes » plutôt que les « combattre » (L 40D), soit à

1. Contrairement à ce qu'écrit M. Onfray, *Cynismes. Portrait du philosophe en chien*, [1990], Paris, Librairie générale française, 1992, p. 67.

entreprendre une série d'actions transformatrices ici et maintenant en vue d'une certaine idée du bonheur, que ce soit, pour les gouvernants, dans la verticalité du pouvoir qu'ils exercent sur le reste des hommes, ou pour le commun des mortels, dans le rapport horizontal et plus direct qui les unit entre eux dans la cité. Moins de violence, plus de paix, dans la commune jouissance de la chaleur du soleil qui, parce qu'elle n'appartient à personne, est à tous : tel est l'horizon de la politique de Diogène.

IV

Postérité et actualité de Diogène

La postérité du cynisme dans l'histoire de la philosophie occidentale a ceci de singulier qu'elle ne consiste pas en une reprise et une transformation d'éléments doctrinaux, dans la mesure où les cyniques n'ont pas élaboré d'édifice théorique complexe et très articulé. Ce que la postérité a retenu et repris du cynisme, c'est bien davantage une certaine position face au monde, c'est-à-dire une manière de vivre dans ce « scandale de la vérité » dont Michel Foucault décèle des traces aussi bien dans le monachisme chrétien médiéval que dans les mouvements révolutionnaires du XIXe siècle et dans l'art moderne, dès l'instant qu'on les envisage comme des modes de vie et non comme de simples mouvements religieux, politiques ou esthétiques [1]. En ce sens précis, le cynisme semble bien être cette

1. M. Foucault, *Le Courage de la vérité. Le gouvernement de soi et des autres*, vol. II, cours au Collège de France, 1984, Paris, EHESS/Gallimard/Seuil, 2009, p. 161.

philosophie d'« une certaine façon commune, tout à fait naturelle et ne demandant aucune étude particulière » que l'empereur Julien* voyait en elle (*Contre les cyniques ignorants* 187c-d). Avant l'avènement de la figure moderne du philosophe de métier, quelle philosophie en effet n'a pas été animée par la double ambition de dire vrai en mettant le réel à nu, et d'éprouver ce dire vrai par une transformation de soi ou par une pratique collective de nature politique ou sociale ? Les exceptions, s'il y en a, sont sans doute peu nombreuses.

Quant à la figure de Diogène lui-même, sa reprise a donné lieu aux interprétations les plus opposées. Dans l'Antiquité, Épictète fait de lui l'incarnation paradigmatique de la cohérence maximale entre une ambition morale élevée et les moyens pour l'atteindre – moyens qui impliquent une complète transformation intérieure du sujet et non un simple accoutrement de façade. Concernant l'époque moderne, Louisa Shea a montré dans son ouvrage *The Cynic Enlightenment. Diogenes in the Salon* la fortune contrastée de ce philosophe peu ordinaire [1]. Les philosophes des Lumières, explique-t-elle, firent preuve à son égard d'une véritable fascination, ce dont *Le Neveu de Rameau* de Diderot est sans doute le meilleur exemple. Ce texte met en effet en scène un dialogue entre « Moi », philosophe rationaliste classique, et « Lui », personnage qui, « selon ses propres termes [...] se situe "entre Diogène et Phryné", entre le cynique et la courtisane [2] », soit entre deux figures de la contestation.

1. L. Shea, *The Cynic Enlightenment. Diogenes in the Salon*, Baltimore, Johns Hopkins University Press, 2010.

2. T. Belleguic, « Figures et pouvoirs de l'abject : *Le Neveu de Rameau* ou les avatars de Narcisse », *Man and Nature / L'Homme et la Nature*, vol. 11, 1992, p. 11. URL : http://id.erudit.org/iderudit/1012668ar ; DOI : 10.7202/1012668ar

Si Phryné représente la séduction venant désarmer la raison et ruiner l'association classique du Beau et du Bien au profit de celle du Vil et du Sublime, la revendication par Lui de sa filiation avec Diogène tient à ce qu'il démystifie, avec une extravagance que n'aurait pas reniée le philosophe de Sinope, les conventions les plus admises de son temps. En dénonçant leur arbitraire et leur violence, il met à nu les valeurs bourgeoises centrées autour des nouveaux dieux que sont l'argent et la richesse [1]. Toutefois, c'est un cynisme paresseux qu'incarne ce personnage de Diderot. Son éloge du parasitisme comme son rejet des valeurs de l'amitié et de la vertu collent mal avec le portrait moral de Diogène. De même, sa démystification de l'argent ne se fait pas au nom d'un idéal individuel de vertu et d'ascèse, pas plus qu'au nom d'une quelconque préoccupation pour le sort de ceux qui produisent les richesses sans en bénéficier. En ce sens il partage, sans doute sans l'admettre, la fascination de son riche mécène Bertin pour l'argent [2].

À cet intérêt du XVIIIe siècle pour la force critique du personnage de Diogène a succédé le regard beaucoup plus hostile du XIXe siècle, qui occulta les authentiques enjeux philosophiques du cynisme pour n'en retenir que le simulacre ignorant et paresseux déjà dénoncé dans l'Antiquité. Hegel n'a pas peu contribué à cette vision des choses, arguant que le cynisme ne contenait « aucune élaboration philosophique » et n'était ni un « système » ni

1. J. D'Hondt, « Le cynisme de Rameau », *Recherches sur Diderot et sur l'Encyclopédie* [En ligne], n° 36, 2004, mis en ligne le 14 septembre 2009. URL : https ://rde.revues.org/287 ; DOI : 10.4000/rde.287

2. *Ibid.*

une « science »[1]. Il fallut attendre la fin du XIXe siècle et le tournant du XXe pour voir Diogène retrouver l'estime de la scène philosophique. Ce sont Nietzsche et, plus proche de nous, Foucault qui retiendront notre attention[2]. Les usages variés que Nietzsche fait de Diogène laissent percevoir de fortes similitudes entre les gestes philosophiques respectifs de ces deux penseurs. La riche interprétation que Foucault donne de Diogène et de la *parrhèsia* cynique éclaire sa propre réflexion sur la subjectivation contemporaine comme contre-pouvoir.

Mais au-delà de sa postérité, quelle peut bien être l'actualité de ce philosophe singulier ? Elle tient à la pertinence de son geste philosophique et à celle de certains de ses concepts pour éclairer des thématiques contemporaines. Ainsi, la figure du mendiant et la pratique de la mendicité fournissent une assise conceptuelle à la réflexion de la philosophie sociale sur le pouvoir des exclus et la vulnérabilité. De même, la simplicité et la frugalité cyniques peuvent alimenter le débat actuel sur les alternatives à la croissance économique.

Postérité de Diogène

Nietzsche

— *La philosophie académique à l'épreuve du cynisme*

Nietzsche présente l'intérêt d'avoir à la fois réactivé un cynisme général et d'avoir mobilisé plus précisément

1. *Leçons sur l'histoire de la philosophie*, t. 2, Paris, Vrin, 1971, p. 371.
2. L. Shea évoque le second mais non le premier, *op. cit.*

la figure de Diogène dans des stratégies argumentatives précises. Les deux textes que nous avons retenus pour le montrer ont en commun de faire du cynisme et de Diogène des pierres de touche de pratiques et d'idées concernant l'être de culture qu'est l'homme.

Le premier texte est le dernier paragraphe de « Schopenhauer éducateur », troisième des *Considérations inactuelles* [1]. Dans ce passage, Nietzsche s'interroge sur le rôle et le statut politiques du philosophe et de la philosophie, en s'inquiétant de ce que signifie vivre en philosophe ou vivre de philosophie dans les États modernes, par différence avec les cités antiques. Cette question, soulevée par Schopenhauer lui-même dans un texte intitulé, selon les traductions, *Contre la philosophie universitaire* ou *Au-delà de la philosophie universitaire*, témoigne de la conscience d'une transformation profonde qui, avec les siècles, a fait passer la philosophie du statut de pratique libre et potentiellement dangereuse pour la cité à celui d'un métier et d'une discipline universitaire encadrée par l'État. Or , demande Nietzsche, de quelle liberté philosophique peut bien encore disposer un philosophe appointé par l'État si, pour se maintenir, ce dernier ne reconnaît de vérité qu'utile, autrement dit qu'une « fausse "vérité" » (SE p. 651) ? Quelle « authentique vérité » (SE p. 652), insoumise, libre et critique, un philosophe au service de l'État peut-il encore y faire surgir ? En occupant une telle place, il accepte nécessairement

1. Nietzsche, *Considérations inactuelles* III, « Schopenhauer éducateur », trad. H.-A. Baatsch, *Œuvres*, t. I, Paris, Gallimard, « Bibliothèque de la Pléiade », 2000, p. 642-655. Abrégé désormais SE suivi du numéro de la page dans l'édition citée.

> *d'être considéré par l'État comme s'il avait renoncé à poursuivre la vérité jusque dans ses derniers retranchements. Aussi longtemps du moins qu'il est favorisé et qu'il a un emploi, il lui faut reconnaître quelque chose de supérieur à la vérité : l'État.* (SE p. 645)

Cette tension forte repérée par Nietzsche dans les conditions qui encadrent la pratique dominante de la philosophie dans les États modernes et lui ôte tout son sens n'est telle que parce qu'il estime que la philosophie est par nature un discours indissociable d'une pratique, une manière de vivre et d'agir au nom de la vérité, ce qui rappelle très nettement l'idée que Diogène s'en fait.

En la convertissant en discipline universitaire, l'État impose ainsi à la pratique de la philosophie trois choses qui la dénaturent complètement. D'abord, il choisit ses « philosophes », ce qui suppose qu'il prétende savoir comment distinguer les bons des mauvais, son critère étant celui de sa propre préservation. Il décide, ensuite, du moment et du lieu où cette discipline s'exerce, mutilant d'avance les mouvements internes et secrets qui rythment l'invention de ses idées par le philosophe. Enfin, il transforme la philosophie en simple érudition, en simple connaissance de l'histoire de la philosophie. Dans ces conditions, disparaît la seule critique pertinente qu'on peut faire d'une philosophie – là encore l'écho à Diogène parlant de Platon est évident –, « celle qui consiste à essayer si l'on peut vivre selon elle » (SE p. 647). L'éducation philosophique telle qu'elle est dispensée dans les universités semble donc n'avoir d'autre but que de détourner les étudiants de la philosophie. Que les philosophes soient ainsi rendus inoffensifs par et pour l'État ne les rend cependant pas moins dangereux pour la vraie philosophie, pour la cause philosophique, justement en raison du ridicule dont ils l'entachent. Il serait bien plus bénéfique à la philosophie que l'État la persécute au lieu de l'institutionnaliser. Toutefois, conclut Nietzsche, il n'est pas impossible que sous l'effet de la platitude journalistique de la philosophie académique et de ceux qui l'enseignent, la philosophie finisse par être éliminée de l'université et retrouve ainsi sa liberté.

La question déborde toutefois largement son cadre politique : c'est pour Nietzsche un enjeu de culture, de civilisation, qui engage le bouleversement et la refonte de toutes les aspirations humaines et, par là, de toutes les valeurs. C'est en évoquant ce caractère radical – ou « grand » – de l'entreprise philosophique que Nietzsche en vient à citer Diogène :

> *De tous leurs faits et gestes* [*i. e.* ceux des penseurs universitaires] *on pourrait dire ce que pour sa part Diogène objectait quand on lui faisait l'éloge d'un philosophe : « Qu'a-t-il donc de si grand à montrer ? Il y a si longtemps qu'il s'adonne à la philosophie et il n'a encore* affligé *personne ? » Oui, c'est bien là ce qu'il faudrait écrire sur la tombe de la philosophie universitaire : « Elle n'a affligé personne. »* (SE p. 655 ; souligné par Nietzsche)

Nietzsche partage ainsi avec Diogène un même critère d'évaluation de la puissance d'une philosophie : irréductible à un système théorique, elle ne vaut que si elle porte une charge affective capable d'ébranler en profondeur notre rapport à la vie. C'est l'inconfort qu'elle provoque, l'inactualité dérangeante de son point de vue, qui témoigne de sa valeur, non le raffinement de son édifice conceptuel. En puisant à ce fonds cynique, Nietzsche signale dans les lignes suivantes que les vrais amis de la philosophie font « la preuve *par l'action* que l'amour de la vérité est chose redoutable et puissante » (SE p. 655 ; je souligne). On songe là encore à Diogène qui investit directement la philosophie d'une puissance dont sa vie et ses mots sont à la fois les principes, les effets et les signes. Cette puissance est en effet redoutable non parce que Diogène ferait peur, mais parce qu'elle met la vérité à nu sans concession aucune. Si Nietzsche ne précise pas le type d'action auquel il songe à propos de ces vrais amis de la philosophie, c'est sans doute parce que, en raison de la liberté qui anime cette dernière, elle peut s'inventer une multitude de formes dont la diversité déborde toute description.

Ce passage ne mobilise toutefois Diogène que de façon générale : il sert ici de référence dans un texte globalement teinté de cynisme, plutôt que d'outil opératoire précis. C'est vers le paragraphe 125 du *Gai Savoir* intitulé « Le dément » qu'il faut se tourner pour voir Nietzsche en faire un tel usage.

— *Diogène anonyme, héraut de l'impensable*

Dans ce texte connu, Nietzsche évoque la « mort de Dieu ». L'expression ne renvoie pas uniquement et pas principalement à une crise du fait religieux mais, de façon plus fondamentale, à l'effondrement de tout principe architectonique guidant les pensées et les actes des hommes. Ce sont moins la vérité, les motifs et les enjeux considérables de cette idée qui retiendront ici notre attention que la façon dont Nietzsche les présente :

Le dément. *N'avez-vous pas entendu parler de ce dément qui, dans la clarté de midi, alluma une lanterne, se précipita au marché et cria sans discontinuer : « Je cherche Dieu ! Je cherche Dieu ! » – Étant donné qu'il y avait justement là beaucoup de ceux qui ne croient pas en Dieu, il déchaîna un énorme éclat de rire. S'est-il donc perdu ? disait l'un. S'est-il égaré comme un enfant ? disait l'autre. Ou bien s'est-il caché ? A-t-il peur de nous ? S'est-il embarqué ? A-t-il émigré ? – ainsi criaient-ils en riant dans une grande pagaille. Le dément se précipita au milieu d'eux et les transperça du regard. « Où est passé Dieu ? lança-t-il, je vais vous le dire ! Nous l'avons tué – vous et moi ! Nous sommes tous ses assassins ! Mais comment avons-nous fait cela ? Comment pûmes-nous boire la mer jusqu'à la dernière goutte ? Qui nous donna l'éponge pour faire disparaître tout l'horizon ? Que fîmes-nous en détachant la terre de son soleil ? Où l'emporte sa course désormais ? Où nous emporte notre course ? Loin de tous les soleils ? Ne nous abîmons-nous pas dans une chute permanente ? Et ce en arrière, de côté, en avant, de tous les côtés ? Est-il encore un haut et un bas ? N'errons-nous pas comme à travers un néant infini ? L'espace vide ne répand-il pas son souffle sur nous ? Ne s'est-il pas mis à faire plus froid ? La nuit ne tombe-t-elle pas continuellement, et toujours plus de nuit ? Ne faut-il pas allumer des lanternes à midi ? N'entendons-nous rien encore du bruit des fossoyeurs qui ensevelissent Dieu ? Ne sentons-nous rien encore de la décomposition divine ? – les dieux aussi se décomposent ! Dieu est mort ! Dieu demeure mort ! Et nous l'avons tué ! Comment nous consolerons-nous, nous, assassins entre les assassins ? Ce que le monde possédait jusqu'alors de*

> *plus saint et de plus puissant, nos couteaux l'ont vidé de son sang – qui nous lavera de ce sang ? Avec quelle eau pourrions-nous nous purifier ? Quelles cérémonies expiatoires, quels jeux sacrés nous faudra-t-il inventer ? La grandeur de cet acte n'est-elle pas trop grande pour nous ? Ne nous faut-il pas nous-mêmes devenir des dieux pour apparaître seulement dignes de lui ? Jamais il n'y eut acte plus grand – et quiconque naît après nous appartient du fait de cet acte à une histoire supérieure à ce que fut jusqu'alors toute histoire ! » Le dément se tut alors et considéra de nouveau ses auditeurs : eux aussi se taisaient et le regardaient déconcertés. Il jeta enfin sa lanterne à terre : elle se brisa et s'éteignit. « Je viens trop tôt, dit-il alors, ce n'est pas encore mon heure. Cet événement formidable est encore en route et voyage – il n'est pas encore arrivé jusqu'aux oreilles des hommes. La foudre et le tonnerre ont besoin de temps, la lumière des astres a besoin de temps, les actes ont besoin de temps, même après qu'ils ont été accomplis, pour être vus et entendus. Cet acte est encore plus éloigné d'eux que les plus éloignés des astres –* et pourtant ce sont eux qui l'ont accompli. *» On raconte encore que ce même jour le dément aurait fait irruption dans différentes églises et y aurait entonné son* Requiem aeternam deo. *Expulsé et interrogé, il se serait contenté de rétorquer constamment ceci : « Que sont donc encore les églises si ce ne sont pas les caveaux et les tombeaux de Dieu ? »* [1].

L'importance que Nietzsche accorde au cynisme et plus particulièrement à Diogène se marque dans le fait

1. Extrait de *Friedrich Nietzsche. Œuvres*, trad. P. Wotling, Paris, Flammarion, 2000, p. 161-162.

qu'il choisit précisément ce dernier, ou du moins son sosie anonyme, pour énoncer une idée inaudible pour le commun des mortels. De même que Diogène, une lanterne à la main, cherchait un homme en plein jour et démystifiait toutes les valeurs de la cité, de même le personnage à la lanterne de Nietzsche cherche Dieu en plein jour et ébranle ainsi, bien au-delà de la cité, les fondements de la civilisation occidentale depuis la naissance de la philosophie. La réappropriation du geste philosophique de Diogène est ici portée à l'extrême, et elle lui reste très fidèle jusque dans la forme presque doxographique sous laquelle Nietzsche nous la livre (« N'avez-vous pas entendu parler... », « On raconte encore... »), celle d'un témoignage recueilli et transmis avec l'aura d'incertitude qui l'entoure.

Cinq traits du philosopher cynique de Diogène réapparaissent en particulier ici. D'abord, les auditeurs du dément pensent savoir déjà de quoi il s'agit : eux-mêmes ne croient pas en Dieu, et les questions ironiques qu'ils retournent au dément au début du texte ne serviront qu'à mieux illustrer ensuite leur totale incompréhension du sens que celui-ci donne à la mort de Dieu, plus exactement à son assassinat. C'est donc moins l'ignorance pure que le faux savoir que le dément vient ébranler, quand Diogène, de son côté, récuse non les valeurs ayant cours dans la cité, mais les objets auxquels elles s'attachent : ainsi n'est-ce pas la gloire qu'il reproche à l'athlète de chercher, mais son erreur sur ce qui est digne de gloire. Ensuite, c'est d'un dément dont Nietzsche rapporte les agissements et les propos. On songe à la formule de Platon pour qui Diogène est un « Socrate devenu fou » (DL VI, 54), ainsi qu'aux moqueries suscitées par l'étrangeté de sa conduite et de ses propos, rapportées par Diogène Laërce. C'est qu'une vérité ne peut se faire reconnaître quand elle semble impensable, ce qui conduit ceux qui ne l'entendent pas à assimiler à un fou celui qui la profère. Mais chez Nietzsche comme chez Diogène, ce fou est un fou troublant : « déconcertant », dit Nietzsche, « étonnant », disait Diogène Laërce, bref un fou en qui rougeoie le feu de la raison que personne n'ose reconnaître. En troisième lieu, ce dément qui a la raison pour lui ne paraît tel qu'à cause de sa *parrhèsia*, d'un « dire vrai » qui dévoile la mort de Dieu et remet ainsi en question le rôle et la place que l'homme pense occuper dans l'univers. Le personnage de Nietzsche déploie, certes, une longue harangue là où le Diogène de Diogène Laërce est plus concis, sans doute parce que l'ampleur de l'événement énoncé ici requiert un plus long discours, sans rien perdre de la force du dire vrai. Le quatrième aspect de la philosophie cynique réactualisé et intensifié par Nietzsche est son caractère « inactuel » – « Je viens trop tôt », dit le personnage devant ses auditeurs incrédules. Le philosophe n'est pas de son temps, ou plutôt, ce sont les autres hommes qui ne sont pas de leur temps et empêchent le philosophe d'être leur contemporain. Rivés à leur présent le plus immédiat, ils sont incapables de situer le présent dans un cadre d'intelligibilité à grande échelle qui leur en ferait saisir les tenants et les aboutissants. Ainsi, de même que Diogène dévoile la chaîne cachée des violences et des servitudes derrière les pratiques et les discours les plus ordinaires et les plus admis à son époque, de même le personnage de Nietzsche révèle une histoire longue dont le présent n'est qu'un maillon, alors que les hommes le tiennent pour un temps autonome, ce qui, en réalité, les empêche de le comprendre. Enfin, Nietzsche reprend aussi le geste de falsification polémique des lieux qui nous a semblé être celui de Diogène : de lieu vivant du culte, l'église est devenue le tombeau du Dieu mort.

À la différence de ce qu'on a observé dans « Schopenhauer éducateur », Nietzsche mobilise ici Diogène le cynique non plus à des fins argumentatives générales concernant le rapport de la pensée et de la vie, mais pour situer une position de savoir singulière et avancer ainsi une idée philosophique inédite, à la limite de l'impensable. Cette position est celle du philosophe tout ensemble exclu de la communauté humaine et inclus en elle, et celle de sa parole folle et vraie à la fois, dont Nietzsche radicalise ici l'étrangeté.

Foucault : la question du style de vie dans le cadre du souci de soi

Vers la fin de sa vie, Foucault a consacré plusieurs conférences au cynisme antique, en particulier cinq des neuf leçons du *Courage de la vérité* [1], son dernier cours au Collège de France en 1984. Déjà manifeste dans des cours antérieurs, l'intérêt de Foucault pour les Anciens tient à ce qu'il perçoit dans leurs philosophies des outils éthiques et politiques pour le présent. Plus précisément, elles peuvent selon lui servir de modèle ou d'inspiration pour penser des façons de résister aux effets de pouvoir nés aussi bien des pratiques institutionnelles que des discours scientifiques et sociaux contemporains, et pour forger des outils en vue d'une liberté positive. En inventant des pratiques de constitution de soi comme sujet,

1. M. Foucault, *op. cit.* (désormais abrégé CV suivi du numéro de la page de l'édition citée). Voir aussi *Discours et vérité*, Paris, Vrin, 2016.

autrement dit des pratiques de subjectivation, les Anciens donnaient aux individus les moyens d'agir sur leur existence, sur eux-mêmes, et par là sur l'ensemble des rapports sociaux. L'*ethos* ou manière d'être qu'ils forgeaient par là était ainsi le lieu d'un contre-pouvoir face aux rapports de domination à l'œuvre dans tout le corps social. L'éthique avait donc d'inévitables prolongements politiques. À quoi a donc tenu l'intérêt plus particulier de Foucault pour les cyniques ?

Dans *Le Courage de la vérité*, Foucault se consacre en particulier à l'analyse de l'un des traits fondamentaux de l'*ethos* cynique – à savoir l'usage de la *parrhèsia*. Cette dernière l'intéresse parce qu'elle est l'une de ces pratiques du dire vrai sur soi-même qui, dans le cadre plus général du « souci de soi » qu'il prête aux Grecs, ont contribué à forger dans l'Antiquité une véritable « culture de soi » (CV p. 6). Ce que, de façon assez originale, Foucault repère dans l'usage antique de la *parrhèsia* et qui lui permet sans doute de la lier à ses études sur les formes modernes du dire vrai – en tant que savoirs et en tant que pouvoirs –, c'est que la *parrhèsia* ne se réduit pas à la capacité d'exprimer ou de prononcer un discours vrai sur soi-même : elle engage l'autre devant lequel ce discours est tenu et parfois auquel il s'adresse. En effet,

> [le] *dire-vrai sur soi-même, et ceci dans la culture antique (donc bien avant le christianisme), a été une activité à plusieurs, une activité avec les autres, et plus précisément une activité avec un autre, une pratique à deux. Et c'est cet autre, présent et* nécessairement présent *dans la pratique du dire-vrai sur soi-même, qui m'a retenu et arrêté.* (CV p. 7 ; je souligne)

Cette nécessaire présence de l'autre – qui invalide, à juste titre selon nous, les lectures repliant le cynisme sur une forme d'individualisme (CV p. 166) – est déterminante dans l'intérêt que Foucault porte à la *parrhèsia*. Car c'est elle qui assure le lien entre la dimension éthique du dire vrai et sa dimension politique, lien que Foucault juge essentiel pour comprendre la portée libératoire du cynisme face aux effets de normalisation et de domination à l'œuvre dans les sociétés. Reste à savoir ce que signifie cet autre, c'est-à-dire quelle est sa fonction dans l'exercice de la *parrhèsia* telle que Foucault l'envisage.

Pour le comprendre, il faut d'abord rappeler que *Le Courage de la vérité* se présente comme une histoire du sens de cette notion depuis ses origines politiques dans la démocratie athénienne – où elle fut aussi l'objet de vives critiques – jusqu'à l'usage qu'en font les pères de l'Église. La *parrhèsia*, que Foucault prend le soin de distinguer de la technique rhétorique, de la prophétie et de la parole presque silencieuse du sage, n'est pas le simple fait de dire vrai, ou de dire sans dissimulation et directement le vrai à quelqu'un. Elle implique selon lui trois autres choses. Il faut d'abord que la vérité proférée porte la marque personnelle de celui qui la profère – donc qu'elle engage sa vie. Ensuite, celui qui prononce cette parole doit courir un risque en le faisant – le risque de mettre en colère son interlocuteur, voire celui de mourir de sa main pour l'avoir offensé. Enfin, il faut que le caractère ou l'*ethos* de l'interlocuteur soit pris en compte, en particulier son courage ou non de se prêter au jeu de la *parrhèsia*. Le courage de la vérité auquel le titre du cours fait référence est donc autant le courage de celui qui l'énonce et la vit, que de celui qui est prêt à l'entendre.

Avant d'expliquer l'importance de ce dernier point – où apparaît la figure de l'autre qu'il estime déterminante –, Foucault s'attarde sur les deux figures majeures de la *parrhèsia* dans l'Antiquité : Socrate, dont le « connais-toi toi-même » est étroitement lié à la *parrhèsia*, et Diogène le cynique. Alors qu'il s'attendait à ne trouver en Diogène qu'une version renforcée de la pratique socratique de la *parrhèsia*, Foucault conclut néanmoins que c'est avec lui que le dire vrai sur soi-même manifeste sa vérité la plus nue et ses effets les plus radicaux. Si Socrate et Diogène partagent, certes, une même exigence de la « vraie vie » comme vie de vérité, c'est-à-dire conforme aux principes qu'ils défendent ; si tous deux, et Socrate le premier, ont par la *parrhèsia* constitué « l'existence (le *bios*) [...] dans la pensée grecque comme un objet esthétique, comme objet d'élaboration et de perception esthétique : le *bios* comme œuvre belle » (CV p. 149), c'est toutefois Diogène qui livre la vérité nue de la *parrhèsia* pour avoir déplacé l'accent de la doctrine – doctrine à laquelle, contrairement à Socrate, il ne fournit qu'une « charpente théorique [...] extrêmement rudimentaire » (CV p. 164) – vers ce qui relève de l'« attitude ou manière d'être », même si celle-ci a « bien entendu ses justifications et [tient] sur elle-même son propre discours justificatif et explicatif » (CV p. 164). Foucault signale plus particulièrement trois écarts entre Socrate et Diogène à propos de la pratique de la *parrhèsia*. D'une part, le corps même de Diogène est le support de la vérité qu'il énonce – ce que Foucault nomme une « plastique de la vérité » (CV p. 284), absente chez Socrate, même si son corps, en contrôlant ses appétits, est conforme à son dire vrai. La correspondance entre le corps et le dire est bien plus étroite chez Diogène puisque l'apparence même de son corps, et pas seulement son comportement, manifeste la vérité énoncée. D'autre part, la *parrhèsia* de Diogène est portée par un élan militant visant à transformer le plus immédiatement possible l'ensemble de la société, alors que ce n'est là, pour Socrate, qu'une retombée secondaire d'une transformation d'abord centrée sur soi-même. Selon Foucault, Diogène affirme plus positivement que son aîné l'utilité sociale du philosophe, ce qui se traduit notamment par la métaphore du combat ou de la guerre, récurrente dans les témoignages le concernant. Enfin, loin de la complexité des théories socratiques présentées par Platon, l'usage par Diogène de la *parrhèsia* met en évidence la scandaleuse banalité de sa philosophie et de ses effets – du moins de ses effets visés. Le scandale de cette banalité, c'est son altérité, le fait qu'elle reste étrangère aux valeurs socialement admises et invite à s'en émanciper, au risque d'être qualifiée, serait-ce à tort, de sauvagerie, de primitivisme ou de vie selon la nature. C'est précisément là que se trouve la réponse à la question, posée précédemment, de la fonction de l'autre ou de l'altérité dans la *parrhèsia*. En effet, dit Foucault,

> [il] *ne peut y avoir de vraie vie que comme vie autre, et c'est du point de vue de cette vie autre que l'on va faire apparaître la vie ordinaire des gens ordinaires comme étant précisément autre que la vraie.* [...] *Et la vraie vie – à la fois forme d'existence, manifestation de soi, plastique de la vérité, mais aussi entreprise de démonstration, conviction, persuasion à travers le discours – a pour fonction de montrer que tout en étant autre, ce sont les autres qui sont dans l'altérité. Et la tâche de la véridiction cynique, c'est donc de rappeler tous les hommes*

> *qui ne mènent pas la vie cynique à cette forme d'existence qui sera la véritable existence. Non pas l'autre, qui se trompe de route, mais la même, celle qui est fidèle à la vérité.* (CV p. 288)

Si l'autre est certes celui à qui le cynique s'adresse et (dé)montre le vrai, il n'est tel que d'être dans une position d'altérité qu'il prend pour celle du même, pour le lieu de la vérité, par rapport auquel ce serait Diogène qui serait du côté de l'altérité et, par là, du côté de l'erreur ou de l'inauthenticité. La pratique cynique de la vérité vise donc à faire que « le monde devienne autre pour rejoindre ce qu'il est dans sa vérité », ce qui ne sera possible qu'au prix « d'un changement, d'une altération complète dans le rapport qu'on a à soi » (CV p. 289). Ce que propose le cynisme, c'est en somme « une vie autre pour un monde autre » (CV p. 264), plutôt qu'un monde autre pour une vie autre, à la façon des projets de cités justes du Socrate de Platon pour qui la transformation d'ensemble de la cité et de ses valeurs principielles est le préalable et le moyen nécessaire à la transformation éthique des individus. Seule la transformation effective de nos vies par la pratique de la *parrhèsia*, parce qu'elle engage le jeu de l'autre et du même dans leurs manifestations sociales les plus courantes, peut transformer le monde. Seul l'*ethos* d'une vie vraie, semble dire Foucault, peut en même temps se donner comme une politique de la vérité et, par elle, de la liberté.

S'il regarde le cynisme comme un mouvement appartenant à l'histoire de la philosophie ancienne, Foucault y voit donc aussi une attitude transhistorique (CV p. 161), une catégorie morale de l'Occident, ce qui n'est pas sans évoquer « la philosophie naturelle » que l'empereur Julien voyait dans cette philosophie.

Au-delà de ces deux exemples de reprise de la figure de Diogène par des philosophes modernes, reste à se demander ce que cette figure peut nous aider à penser aujourd'hui. Quelle peut bien être l'actualité de son inactualité ?

Diogène aujourd'hui

Le pouvoir des « exclus » et la question de la vulnérabilité

En mettant le mendiant au centre de sa pensée et de son mode de vie, Diogène opère un renversement anthropologique d'une portée politique considérable, qui entre en résonance avec les recherches philosophiques contemporaines sur le sens politique et éthique de la vulnérabilité et des positions sociales subalternes.

À distance des réseaux économiques, sociaux et politiques qui fondent la vie dans la cité, le mendiant fait l'objet d'assez peu de représentations dans l'Antiquité, qu'elles soient philosophiques, littéraires ou artistiques au sens large : il n'est jamais au centre d'un récit, ses apparitions se limitent à des épisodes très brefs. Il suffit pour s'en convaincre de se reporter aux quelques passages de l'*Odyssée* dans lesquels Ulysse est grimé en mendiant. Qu'il aborde en Phéacie comme un naufragé implorant le nécessaire à la royale Nausicaa, qu'il se présente chez Eumée à Ithaque, qu'il affronte les prétendants ou qu'il aille trouver Pénélope pour se faire reconnaître, toujours son apparence de mendiant lui vaut d'être soupçonné de parasitisme et de mensonge, le tout s'accompagnant d'insultes et parfois de coups. Le mendiant est aux antipodes du modèle anthropologique de la société homérique tel que l'incarne Ulysse lui-même en tant que chef de son domaine foncier (*oikos*), de sa famille et de son clan. Tout comme il sera par la suite, à une époque plus proche de celle de Diogène, aux antipodes de ce modèle d'humanité qu'est l'animal politique (*zôon politikon*) défini par Aristote dans les *Politiques*. Selon ce dernier, l'homme n'est en effet pleinement lui-même que dans le cadre de la cité et qu'en tant qu'il y est citoyen, administrateur de son patrimoine foncier et membre actif des institutions civiques. Le mendiant, sans *oikos* et incapable de participer aux charges publiques, ne peut être, dans cette société, qu'un contre-modèle anthropologique, c'est-à-dire le visage dans lequel elle reconnaît et nie à la fois la menace de sa propre disparition.

Diogène renverse cette évaluation. En se faisant mendiant, son but n'est pas de solliciter une forme de reconnaissance pour une catégorie sociale marginale dont il serait le porte-parole : il est d'imposer un modèle anthropologique alternatif, le point de référence et de surgissement d'une vie autre, d'où seule peut naître une authentique liberté éthique et politique. Diogène, on l'a vu, ne se contente pas de critiquer les dysfonctionnements de la cité, il propose à celle-ci une nouvelle position de vérité dont il est lui-même le témoin et le vecteur, position que seule la mendicité rend possible. Par ce terme, il ne faut pas entendre une simple activité économique consistant à solliciter le nécessaire auprès des autres – Diogène et les cyniques ne refusent pas de travailler –, mais une position dans l'existence, dont la dimension économique n'est qu'un aspect. Vue de l'extérieur, la vie du mendiant paraît « privée de », « sans », dépouillée de ce qu'on estime devoir être les attributs ordinaires de la vie, elle semble située à la marge d'un centre – politique, économique, social et plus généralement symbolique – socialement construit et investi de toute la légitimité. Or la mendicité diogénienne renverse ce point de vue : le lieu de la vérité n'est pas le centre mais la « marge » – qui dès lors cesse d'en être une. Point de vue en miroir révélant le faux-semblant du monde et ses mécanismes d'asservissement, la mendicité de Diogène est ainsi le lieu d'émergence de la vraie vie, vraie d'être ramenée à sa liberté essentielle et de s'être défaite de tout ce qui l'éloigne d'elle-même. La raison qui fait du mendiant cynique un porteur de vérité et l'auteur d'une vie libre est qu'il parle et vit en première personne. Son *logos* lui donne un pouvoir d'auto-affirmation obligeant les autres pouvoirs à s'articuler à lui, et désarmant toutes les formes de domination qui le menacent.

Ce geste éthique, politique et anthropologique de Diogène n'est pas sans faire songer à ce qu'expose Guillaume Le Blanc dans *Que faire de notre vulnérabilité ?* à propos de la mal nommée catégorie des « exclus » et de son rapport avec la tout aussi mal nommée catégorie des « inclus » [1]. Certes, une différence de taille sépare ces deux penseurs : Diogène pense, articule et accomplit lui-même son geste libérateur, tandis que Guillaume Le Blanc en formule la théorie critique au nom d'autres individus – les « exclus » – à qui il reviendrait de la mettre

1. G. Le Blanc, *Que faire de notre vulnérabilité ?*, Montrouge, Bayard, 2011 (désormais abrégé QV suivi du numéro de la page de l'édition citée).

en œuvre. Unité de la parole et de l'agir chez l'un, dédoublement – ou divorce ? – chez l'autre, pour lequel se pose le difficile problème de savoir comment faire émerger la pensée critique qu'il propose chez ceux qu'elle concerne. Toutefois, cette différence entre les deux auteurs fait fond sur un trait commun, qui justifie que nous les rapprochions : pour Diogène comme pour Guillaume Le Blanc, il s'agit avant tout de renverser la pensée commune – celle des « inclus » comme celle des « exclus » – sur la vulnérabilité et la précarité, pour y faire percevoir une positivité insoupçonnée. Ainsi, dans le premier chapitre de son ouvrage, qui porte plus précisément sur le concept de citoyenneté, Guillaume Le Blanc se livre à l'examen critique des discours tenus sur les « exclus » par les « inclus ». Ces discours font des « exclus » une catégorie sociale séparée ou détachée d'une inclusion pensée comme pôle social et anthropologique positif et légitime ; ils considèrent l'exclusion comme la version évidée d'une plénitude ayant accaparé le pouvoir normatif de dire et de penser ce qui définit le jeu des places et des rôles dans la société. Dans une telle représentation, les « exclus » seraient donc privés des moyens de penser et de dire « adéquatement » leur propre « exclusion », leur propre vulnérabilité – « adéquatement » du point de vue des normes propres à la position de l' « inclusion ». En présumant chez les « exclus » un tel défaut de *logos*, les « inclus » leur dénient tout pouvoir et toute capacité d'auto-affirmation et ne peuvent donc, même quand ils pensent les défendre et les aider, que parler en leur nom, à leur place, sans voir qu'ils les rendent alors inaudibles, leur dénient toute vie propre et tout pouvoir : « La catégorie de l'exclu accrédite la fiction de l'exclu comme être *absolument sans* et ne prédispose pas à voir en lui des ressources alternatives et critiques liées à des modes de vie qui ne se laissent pas résumer sous la catégorie de l'exclusion » (QV p. 76 ; souligné par l'auteur).

Parallèlement à ce moment critique, Guillaume Le Blanc entreprend de construire une position dépassant l'antinomie de l'exclusion et de l'inclusion pour penser adéquatement la citoyenneté, c'est-à-dire sans l'isoler de l'expérience de la vulnérabilité qui touche de larges secteurs des sociétés modernes. C'est dans ce moment positif que l'écho à Diogène se fait le plus entendre. Guillaume Le Blanc en appelle en effet à un renversement de perspective qui investit le « négatif » d'un pouvoir plein et entier, en partant de l'idée que « l'exclu n'est pas seulement un individu négatif défini à partir du centre dont il est séparé, mais quelqu'un qui, dans le même mouvement peut contester le primat du centre sur la périphérie » (QV p. 79). Dès l'instant qu'on la considère comme une alternative vécue à la dualité inclusion/exclusion, la position de « l'exclu » permet

> *de comprendre autrement les relations de la vie au travail et de la vie hors travail, de l'intime et du public, de la sédentarité nationale et de l'itinérance, etc.* [...] *Aussi, à la question de savoir si un exclu est encore un citoyen, il convient de répondre en se demandant ce que doit être la citoyenneté pour prendre en compte la citoyenneté des exclus.* (QV p. 78)

Cette valeur reconnue au point de vue de « l'exclu », à la vérité de sa position d'altérité à propos de la question de la citoyenneté fait écho au geste, plus ample mais similaire – aux réserves près concernant l'écart entre la parole et l'agir –, de la falsification de toutes les valeurs par Diogène, dans sa double dimension de démystification et de reconfiguration d'une position pleine, vraie et critique face au monde, incarnée par le mendiant. Concevoir le monde depuis la position du mendiant, ce n'est pas seulement prendre conscience de ce qui menace les vies vulnérables : c'est aussi et surtout la constituer en point de vue de vérité d'où se révèlent à la fois la vulnérabilité inhérente à toute vie, le cadre d'« intelligibilité » factice opposant les vies vulnérables aux vies protégées (les « exclus » aux « inclus »), et le pouvoir général qu'a la vie de se donner un monde libre et commun depuis l'épreuve, potentiellement partagée par tous, de sa vulnérabilité – même si reste en suspens la question de savoir comment et sous quelle forme ce monde pourrait être édifié.

Diogène et la décroissance

En dépit de l'apparent anachronisme, la figure de Diogène permet non seulement de s'interroger sur les « exclus » qu'engendrent nos sociétés, mais aussi de contribuer à la réflexion sur le thème aujourd'hui polémique de la croissance et de ses limites en fournissant des armes critiques pertinentes sur les plans éthiques, sociaux et politiques notamment.

Notion venue de l'économie, la croissance désigne le processus de variation positive (d'augmentation) de la production de biens et de services sur une période donnée. Mesurée à l'aide de divers indicateurs, elle sert elle-même d'indice au degré de santé des économies modernes et, par extension, à celui du bien-être ou du bonheur des sociétés. Non sans débat : entre la question du choix des indicateurs pertinents, celle du coût et des effets négatifs de la croissance, et celle de la pertinence de la croissance elle-même comme critère de la santé économique d'un pays et du bonheur de ses habitants, les controverses ne manquent pas, qui mêlent souvent arguments scientifiques et positions idéologiques [1]. Si l'Antiquité ignore cette définition technique de la croissance, celle-ci n'y est pas moins présente comme idée générale d'une augmentation de l'avoir et, si l'on peut dire, de l'être. Ses formes principales et récurrentes sont le désir d'accumulation de richesses comme objectif de l'administration domestique, la soif de territoires comme objectif de la politique pour la cité, ou encore l'idéal de domination comme objectif éthique individuel. Diogène, on l'a vu, partage ce constat : la forme tyrannique du pouvoir se caractérise selon lui par une soif de conquêtes sans bornes, et le désir à l'œuvre dans l'éthique individuelle est conçu et vécu par le grand nombre comme un manque appelant à une accumulation sans fin, ce dont Alexandre est le meilleur – ou le pire – exemple. Il en résulte une servitude et une violence généralisées.

Il n'est pas aussi aisé de définir la décroissance, pour deux raisons au moins. La première tient au sens qu'il convient de donner au préfixe « dé- », qui peut signifier aussi bien un mouvement de retour en arrière, une régression, qu'un ralentissement du rythme de la croissance ou un arrêt de la croissance – c'est la « croissance zéro » ou la non-croissance. La notion de « développement durable » ne fait qu'ajouter à cette ambiguïté – elle ressemble à la décroissance « ralentissement » tout en suggérant une avancée plutôt qu'un recul –, ce dont

1. D. Guellec, P. Ralle, *Les Nouvelles Théories de la croissance*, Paris, La Découverte, 2003^{5}.

témoignent les hésitations terminologiques et conceptuelles repérables jusque dans le texte moderne de référence sur cette question, *Halte à la croissance ? Enquête sur le Club de Rome et enquête sur les limites de la croissance*[1]. La seconde difficulté concerne les modalités de la mise en œuvre de la décroissance. Deux questions, notamment, se posent. Tout d'abord, qui doit et peut être le sujet ou l'agent de la décroissance ? S'agit-il d'un processus individuel, d'un processus collectif, ou bien des deux à la fois ? Cette question porte sur la valeur et l'utilité des efforts individuels – parfois considérés comme insignifiants, par exemple pour protéger l'environnement – face aux actions d'agents beaucoup plus puissants comme les groupes industriels ou les pays eux-mêmes. Ensuite, la décroissance implique-t-elle ou non un appauvrissement, ou du moins une diminution du bien-être matériel et du confort usuel, jusqu'à revenir à une condition matérielle primitive ? En d'autres termes, quelle idée de la richesse et de la pauvreté la décroissance implique-t-elle ?

La philosophie de Diogène peut, malgré sa distance historique, nous aider à aborder ces difficultés. D'une part, la simplicité et la frugalité cyniques articulent les deux sens de la décroissance évoqués précédemment. La simplicité suppose en effet de diminuer le volume et le rythme de la croissance, voire de renoncer à cette dernière. Et en ne visant que le strict nécessaire, soit une

1. D. H. Meadows, D. L. Meadows, J. Randers, W. W. Behrens III, *The Limits to Growth : a Report for the Club of Rome's Project on the Predicament of Mankind*, Universe Books, 1972 ; trad. J. Delaunay, *Halte à la croissance ? Enquête sur le Club de Rome*, Paris, Fayard, 1972.

non-croissance, la frugalité implique quant à elle une réduction des désirs et des besoins par rapport à ce que les conventions font d'eux. D'autre part, l'alternative entre l'effort individuel et l'effort collectif en faveur de la décroissance est une question mal posée s'il est vrai que la recherche de la simplicité cynique et l'ascèse individuelle qu'elle implique ont un prolongement politique dans la cité tout entière. Les deux vont de pair pour Diogène : l'individuel et le local engagent le collectif et l'universel – mais il est vrai qu'entre la cité antique et nos sociétés modernes, l'articulation des deux registres a sans doute changé d'échelle et de sens. Enfin et surtout, penser la décroissance avec les cyniques antiques n'est pas appeler à vivre dans la rue ou à former des communautés autogérées loin des villes. C'est bien plutôt inviter à réfléchir au fait que la vie simple qu'ils préconisent n'est pas sans pertinence dans une économie marchande et une organisation sociale où l'idée du bonheur semble avoir vécu. Nous laissant toujours insatisfaits, le coût environnemental, moral et social de la production économique et de l'ordre qu'elle requiert est aberrant à bien des égards, notamment si l'on songe à la violence et aux injustices sur lesquelles ils reposent et qu'ils entretiennent. La visée éthique et politique du cynisme antique permet de s'interroger sur ce que nos institutions, nos modes de vie et nos économies tournées vers la croissance sans mesure – soit, *mutatis mutandis*, vers la *poluteleia* – impliquent pour le respect de la dignité humaine et de l'égalité. Dans une société fondée sur l'inégalité statutaire entre hommes et femmes, hommes libres et esclaves, citoyens et étrangers, les cyniques furent parmi les premiers, avec certains sophistes, à parler d'une voix différente. En se souciant à plusieurs reprises de savoir où sont passés les hommes, et en nous tendant le miroir d'une vie autre dont la « sauvagerie » nous effraie, Diogène nous invite à identifier dans la configuration des sociétés actuelles tout ce qui nous déshumanise et nous empêche d'être vraiment des hommes, des êtres guidés par les lumières d'une raison sensible, et capables de soumettre le souci légitime du plaisir à la question du Bien et de la liberté de chacun et de tous.

Conclusion

La philosophie de Diogène relève bien de la tradition rationaliste que la Grèce a inventée. Mais la raison qu'elle invoque est celle de la pensée commune que tout homme a en partage, non celle des philosophes professionnels. Ce *logos* peut, seul, faire saisir à chacun ce qu'est le monde humain – l'universalité des désirs comme la particularité des situations – et la conduite à y tenir afin de s'affranchir du poids des servitudes et de connaître le bonheur d'une vie libre où « tout est aux sages ». Diogène déplace et réélabore ainsi les questions soulevées et les réponses données par ses illustres prédécesseurs, tels Socrate et Platon. Il crée une manière de philosopher si nouvelle dans sa forme et son contenu que, faute de la comprendre, on l'a souvent négligée, dépréciée, confondue avec d'autres ou réduite à l'ombre d'elle-même. Loin de la figure un peu plate du bouffon contestataire, Diogène représente bien plutôt pour la philosophie une incroyable promesse, et un risque majeur. La promesse, c'est celle d'une philosophie en mesure de transformer le monde en transformant la vie dans ce qu'elle a de plus immédiat, dans son emprise directe sur les choses et les hommes. Parce que la valeur universelle de ses enjeux s'éprouve moins dans des concepts abstraits que dans la particularité des situations vécues auxquelles le hasard et la nécessité nous confrontent, et parce qu'elle donne au corps un rôle central dans l'élaboration de ses concepts et de ses questions, la philosophie de Diogène trame l'universel dans le local et réconcilie la pensée et l'agir en les rapportant à la mesure des individus. Le risque est, toutefois, que de mauvais disciples la fassent verser dans la trivialité et le compromis paresseux, qu'ils galvaudent la pensée de Diogène et la vie qu'elle implique en n'en imitant que les aspects formels et extérieurs, en caricaturant par exemple l'idéal de simplicité. Qu'il s'agisse des « parasites en faction devant la porte des riches » déjà dénoncés par Épictète, ou des « cyniques » modernes se contentant d'une démystification de toutes les valeurs, sans idéal ni projet nouveau, le simulacre misanthropique qui guette le cynisme de Diogène n'est qu'une autre manière de s'asservir aux valeurs admises et de trahir ainsi son prétendu modèle. Ce n'est toutefois là qu'un malentendu de plus sur ce philosophe incomparable : il n'ôte rien à son geste radical et au monde qu'il nous ouvre.

Glossaire

Ascèse (*askèsis*)

Terme qui désigne l'ensemble des exercices physiques et psychologiques difficiles ou pénibles auxquels se livre le cynique pour renforcer son endurance face aux coups de la Fortune* et conquérir par là sa liberté*.

Autarcie, autosuffisance (*autarkeia*)

C'est le fait de pourvoir par soi-même, autant que possible, à la satisfaction de ses besoins. L'autosuffisance est le moyen de la liberté* cynique, en ce qu'elle diminue la dépendance à l'égard de toutes les médiations entre nos appétits et leur satisfaction.

« Ce qui dépend de nous » et « ce qui ne dépend pas de nous »

En formulant ce principe éthique, le stoïcien Épictète* ouvre un domaine à la liberté, car il recommande de ne désirer que ce qui dépend de nous et de consentir à ce qui n'est pas en notre pouvoir.

Chrie (*khreia*)

Brève anecdote attribuée par la tradition à un personnage historique, et servant à nourrir la réflexion et la pratique par sa valeur exemplaire. L'expression formelle des chries obéit à des schémas rhétoriques bien établis.

Cosmopolitisme (*kosmopolitès* [1])

La notion a souvent été interprétée, dans le cas de Diogène, comme la défense d'une citoyenneté à l'échelle de l'univers, par opposition à toute citoyenneté attachée à une cité particulière. Mais elle désigne bien plutôt le partage par tous les hommes d'un même rapport aux dimensions privée et publique de la vie, car tous ont pour tâche de déterminer la façon adéquate et chaque fois singulière de réaliser, au sein d'une cité particulière, les fins éthiques et politiques de la vie cynique. Le cosmopolitisme de Diogène demande de donner à l'universalité de l'idéal cynique l'effectivité d'une vie singulière située dans l'espace et le temps.

Diadoque

Les diadoques sont les généraux d'Alexandre le Grand* qui, à sa mort, en 323 av. J.-C., se disputèrent la direction de son empire (guerre des diadoques, 322-281 av. J.-C.) et régnèrent sur l'une ou l'autre des parties de celui-ci.

Franc-parler (voir *parrhèsia*)

1. *Kosmopolitès* désigne littéralement le « citoyen du cosmos », non l'idée abstraite d'une citoyenneté du monde pour laquelle le grec ancien n'a pas de terme.

Forme intelligible (Idée)

Hypothèse ontologique et épistémologique de Platon qui affirme la « réalité » immatérielle des essences immuables, dont participent* les entités sensibles. Ces essences confèrent aux êtres une nature ou un attribut spécifique, par exemple l'« humanité » ou l'« animalité » d'un être ou encore la « justice » d'une action. Sans une telle hypothèse, on ne pourrait rendre raison de la possibilité d'une connaissance vraie, distincte de la connaissance par opinion qui est aussi instable que les réalités sensibles sur lesquelles elle porte. Connaître vraiment, c'est donc, pour Platon, connaître ces Formes ou Idées, c'est-à-dire les réalités mêmes, les seuls êtres qui sont et demeurent « mêmes qu'eux-mêmes ».

Fortune (*tukhè*)

Principe métaphysique par lequel la contingence des événements décide du « sort » ou du « destin » des hommes. Par son ascèse*, Diogène cherche à être prêt face aux coups de la Fortune, à s'en rendre ainsi maître et à être libre*.

Kallipolis (cité juste)

Platon emprunte ce nom à une cité grecque réelle pour désigner le modèle de cité juste présentée dans la *République* (VII, 527c2).

Kosmos (monde)

Terme qui, pour Diogène, ne désigne sans doute pas l'univers physique et les lois naturelles qui le régissent, mais le tout habité dans lequel l'homme se trouve et où il pense et agit en tant qu'être doué de raison.

Liberté (*eleutheria*)

Tandis que l'autosuffisance* désigne le fait de ne dépendre, autant que possible, de rien d'extérieur pour subvenir à ses besoins, la liberté a un sens positif et absolu. Elle désigne à la fois le sentiment de la plénitude chez celui qui se possède lui-même, et le pouvoir de réagir aux coups de la Fortune* en s'en réappropriant le pouvoir déterminant pour éviter de le subir passivement.

Nomisma (convention et monnaie)

Terme de la famille de *nomos* (la loi ou la coutume) qui désigne toute convention en général – par exemple une valeur sociale –, et cette convention particulière qu'est la monnaie. Dans les débats philosophiques anciens portant sur l'origine et le fondement des valeurs éthiques et civiques, le *nomos* ou le *nomisma* sont classiquement opposés à la *phusis*, la nature. Contrairement à une interprétation courante, Diogène privilégie moins la *phusis* sur le *nomisma* qu'il ne dépasse leur antinomie.

Paideia (éducation)

Désigne l'ensemble du processus d'instruction et d'éducation morale par lequel les Grecs concevaient que l'homme parvenait à l'excellence. La question du contenu, de la finalité et de la méthode de la *paideia* fut un enjeu central des débats philosophiques antiques.

Participation

Mode de relation univoque que Platon conçoit entre une multiplicité de réalités sensibles exhibant un caractère ou une qualité spécifique, et la Forme intelligible* ou Idée de cette qualité. Par exemple, pour que diverses réalités sensibles puissent être dites belles, il faut supposer qu'elles participent toutes de la Forme du Beau.

Parrhèsia (franc-parler)

Notion d'origine politique qui désigne le pouvoir de tout dire, et plus précisément de dire la vérité sur son propre état moral ou celui d'un autre individu, ou sur la situation politique d'une société. Cette parole de vérité est ainsi un instrument de pouvoir sur soi-même et les autres.

Phantasia (représentation)

Notion qui, pour les stoïciens, désigne les contenus de conscience au fondement de la connaissance. En tant qu'affection produite dans l'âme par un objet, la représentation manifeste, en même temps qu'elle-même, l'objet qui l'a provoquée.

Politeia (Constitution, république)

Terme central de la pensée politique antique qui désigne à la fois les lois, écrites ou non, et les valeurs qui organisent la vie collective d'une cité (*polis*). C'est ce terme qui est traduit par *République* – par emprunt au latin, à la *res publica*, cette chose publique que lois et valeurs font exister –, qu'il s'agisse du titre du dialogue de Platon ou de celui du traité perdu de Diogène.

Ponos (effort, peine)

Épreuve physique ou morale. Le *ponos* est involontaire quand il provient de la Fortune*, volontaire quand Diogène le provoque en vue de renforcer sa résistance et d'être prêt à affronter les coups de la Fortune. En ce sens, le *ponos* est au cœur de l'ascèse* cynique.

Pseudépigraphe

Terme désignant un écrit dont le titre ou l'auteur ne sont pas ceux qu'il affiche. Ainsi des *Lettres cyniques* de Diogène et de Cratès*, qui n'ont pas été rédigées par eux.

Servitude volontaire

Notion de philosophie politique empruntée au titre de l'ouvrage d'Étienne de La Boétie, *Discours de la servitude volontaire* (1576), dans lequel il s'interroge sur les raisons de l'obéissance d'un peuple à son souverain, en particulier lorsqu'il s'agit d'un tyran. « Volontaire » ne renvoie pas à un processus décisionnel individuel, mais à un consentement collectif le plus souvent tacite et impensé, qui fait de tout un peuple le complice de son propre asservissement.

Simplicité, vie simple (*euteleia*)

Contraire de la vie coûteuse (*poluteleia*), cette notion désigne la réduction des médiations dans l'approche cynique du monde, en particulier dans le rapport des appétits et des désirs au monde extérieur. Visant notamment la recherche de la frugalité, qui est réduction quantitative des besoins essentiels et recherche du strict nécessaire pour les satisfaire, la simplicité prend toutefois acte des circonstances. Aussi ne se traduit-elle pas par un refus systématique de moyens sophistiqués ou élaborés, si la façon de se les procurer pour éteindre un besoin est plus simple que la recherche d'un moyen frugal.

Notices biographiques

Alexandre le Grand (356-323 av. J.-C.)

Fils de Philippe II de Macédoine*, élève d'Aristote et roi de Macédoine, il conquit un immense empire allant de la Macédoine jusqu'à l'Inde et l'Égypte. Rien ne permet de savoir s'il a vraiment rencontré Diogène.

Antisthène (environ 444-385 av. J.-C.)

Philosophe dont Diogène aurait suivi les enseignements. Pour certains, il est le fondateur de la philosophie cynique. Sa réflexion porte en grande partie sur le pouvoir du langage.

Aristophane (environ 445-385 av. J.-C.)

Poète comique contemporain de Socrate et de Platon, le plus représentatif de l'Ancienne Comédie. Ses œuvres brossent un portrait savoureux et caustique de la vie politique, économique et sociale de l'Athènes classique.

Cratès (environ 365-285 av. J.-C.)

Originaire de Thèbes, il aurait été le disciple de Diogène et aurait abandonné sa fortune pour devenir cynique. Sa femme Hipparchia* était elle-même une cynique.

Démosthène (384-322 av. J.-C.)

Considéré par les Athéniens comme le plus grand orateur de tous les temps, Démosthène s'est notamment illustré par ses discours contre la montée en puissance de Philippe II de Macédoine* – les *Philippiques*.

Denys de Syracuse (431-367 av. J.-C.)

Tyran de la colonie grecque de Syracuse. Platon séjourne à sa cour et tente, sans succès, de le convaincre d'instaurer un gouvernement juste. Il réitère l'expérience à deux reprises avec son fils, Denys II (397-347 av. J.-C.), en vain également.

Diogène Laërce (première moitié du IIIe siècle)

Il est l'auteur des *Vies et doctrines des philosophes illustres*, ouvrage doxographique donnant des indications biographiques et doctrinales sur les principales écoles philosophiques anciennes. Ce livre est une source importante pour la connaissance du cynisme.

Dion de Pruse (dit Dion Chrysostome) (environ 30-116)

Orateur de langue grecque à qui l'on doit notamment un traité intitulé *Diogène ou De la vertu*.

Épictète (50-125 environ)

Philosophe stoïcien, de condition servile. Ses pensées sont consignées dans un *Manuel* et des *Entretiens* rédigés par son disciple Arrien. Dans le second de ces ouvrages (III, 22), il brosse le portrait de Diogène en modèle du sage.

Hipparchia (deuxième moitié du IVe siècle av. J.-C.)
Philosophe cynique, épouse de Cratès* de Thèbes.

Julien (331/332-363)
Élevé dans le christianisme, cet empereur romain le combattit – d'où son surnom de Julien l'Apostat – au profit du paganisme. On lui doit, entre autres textes, deux écrits sur les cyniques, *Contre Héracleios* et *Contre les cyniques ignorants*, dans lesquels il fustige les imitateurs paresseux et immoraux de Diogène.

Philippe II de Macédoine (382-336 av. J.-C.)
Roi de Macédoine, père d'Alexandre*. Sa victoire à la bataille de Chéronée en 338 av. J.-C. lui assura la domination sur la Grèce.

Philodème (environ 110-40 av. J.-C.)
Philosophe épicurien originaire de Gadara (dans l'ancienne Syrie). Il est l'une des sources de notre connaissance de la *République* perdue de Diogène.

Télès (IIIe siècle av. J.-C.)
Moraliste de tendance cynique qui aurait vécu à Mégare et à Athènes. Il est l'auteur de *Diatribes* qui rapportent, entre autres choses, l'enseignement de certains cyniques.

Xéniade
Peut-être originaire de Corinthe, ce personnage aurait acheté Diogène pour assurer l'éducation de ses enfants.

Bibliographie

Textes et témoignages

DELATTRE D., « *Philodème. Les stoïciens* », dans Delattre D. et Pigeaud J. (dir.), *Les Épicuriens*, Paris, Gallimard, Bibliothèque de la Pléiade, 2010, p. 727-733.

DORANDI T., « Filodemo, Gli Stoici (PHerc. 155 e 339) », *CErc.* 12, 1982, p. 91-133.

FUENTES GONZÁLEZ P. P., *Les Diatribes de Télès*, Paris, Vrin, 1998.

GIANNANTONI G., *Socratis et Socraticorum Reliquiae, collegit, disposuit, apparatibus notisque instruxit G. G.*, 4 vol., Napoli, Bibliopolis, 1990.

GOULET-CAZÉ M.-O. (dir.), *Diogène Laërce. Vies et doctrines des philosophes illustres*, Paris, Librairie générale française, 1999.

JUNQUA F., *Lettres de cyniques : étude des correspondances apocryphes de Diogène de Sinope et Cratès de Thèbes*, thèse de doctorat soutenue en 2000, Université Paris-Sorbonne (Paris IV).

KINDSTRAND J. F., *Bion of Borysthenes. A Collection of the Fragments with Introduction and Commentary*, Uppsala, Almqvist & Wiksell International, 1976.

MALHERBE A. J. (éd.), *The Cynic Epistles. A Study Edition*, Missoula (Mont.), « Society of Biblical Literature », n° 12, 1977.

PAQUET L., *Les Cyniques grecs. Fragments et témoignages*, Paris, Librairie générale française, 1992.

ROMBI G., DELEULE D., *Les Cyniques grecs. Lettres de Diogène et Cratès*, Paris, Actes Sud, 1998.

SOUILHÉ J., JAGU A., *Épictète. Entretiens. Livre III*, Paris, Les Belles Lettres, 1963.

Études portant en totalité ou en partie sur le cynisme antique

BILLERBECK M., « Le cynisme idéalisé d'Épictète à Julien », dans Goulet-Cazé M.-O., Goulet R. (dir.), *Le Cynisme ancien et ses prolongements*, Paris, Puf, 1993, p. 319-338.

BRANHAM R. B., GOULET-CAZÉ M.-O. (éd.), *The Cynics. The Cynic Movement in Antiquity and its Legacy*, Berkeley, The University of California Press, 1996.

DESMOND W. D., *Cynics*, Berkeley-Los Angeles, University of California Press, 2008.

—, *The Greek Praise of Poverty : Origins of Ancient Cynicism*, Notre Dame, University of Notre Dame Press, 2006.

DUDLEY D. R., *History of Cynicism from Diogenes to the 6th Century A.D.*, London and Hildesheim, Methuen and Olms, 1937.

FLORES-JÚNIOR O., *Le Cynisme ancien : vie* kata phusin *ou vie* kat'euteleian *?*, thèse de doctorat, présentée et soutenue le 2 mars 2013, Université Paris-Sorbonne (Paris IV).

FINLEY M. I., « Diogenes the Cynic », dans *Aspects of Antiquity. Discoveries and Controversies*, New York, Penguin Books, 1968, p. 88-98.

GOULET-CAZÉ M.-O., GOULET R. (dir.), *Le Cynisme ancien et ses prolongements*. Paris, Puf, 1993.

GUGLIERMINA I., *Diogène Laërce et le cynisme*, Villeneuve-d'Ascq, Presses universitaires du Septentrion, 2006.

HÖISTAD R., *Cynic Hero and Cynic King*, Uppsala, C. W. K. Gleerup, 1948.

LOVEJOY A. O., BOAS G., *Primitivism and Related Ideas in Antiquity*, Baltimore, The Johns Hopkins University Press [1935], 1997.

NAVIA L. E., *Classical Cynicism : A Critical Study*, Westport (Conn.)-London, Greenwood Press, 1996.

RANKIN D., *Sophists, Socratics and Cynics*, London-Canberra, Croom-Helm, 1983.

SAYRE F., *The Greek Cynics*, Baltimore, J. H. Furst Company, 1948.

—, « Greek Cynicism », *Journal of the History of Ideas*, vol. 6, n° 1, 1945, p. 113-118.

Sur les aspects éthiques, politiques et économiques du cynisme antique

CHEVARIE-COSSETTE S.-P., « Tonneau percé, tonneau habité. Calliclès et Diogène : les leçons rivales de la nature », *Philosophie antique* 15, 2015, p. 149-178.

DAWSON D., *Cities of the Gods. Communist Utopias in Greek Thought*, New York, Oxford University Press, 1992.

DORANDI T., « La *Politeia* de Diogène de Sinope et quelques remarques sur sa pensée politique », dans Goulet-Cazé M.-O., Goulet R. (dir.), *Le Cynisme ancien et ses prolongements*, Paris, Puf, 1993, p. 57-68.

EMELJANOW V., « A Note on the Cynic Shortcut to Happiness », *Mnemosyne* 18, 1965, p. 182-184.

FLORES-JÚNIOR O., « *Khortos gasteri* ou le bonheur est dans le pré : éthique et politique cyniques dans un poème de Cratès de Thèbes », *Dialogue. Revue canadienne de philosophie* 45, 2006, p. 647-677.

—, « Cratès, la fourmi et l'escarbot : les cyniques et l'exemple animal », *Philosophie antique* 5, 2005, p. 135-171.

GOULET-CAZÉ M.-O., « Le cynisme est-il une philosophie ? », dans Dixsaut M. (éd.), *Contre Platon*, t. I : *Le platonisme dévoilé*, Paris, Vrin, 1993, p. 273-313.

—, « Les premiers cyniques et la religion », dans Goulet-Cazé M.-O., Goulet R. (dir.), *Le Cynisme ancien et ses prolongements*, Paris, Puf, 1993, p. 117-158.

—, *L'Ascèse cynique. Un commentaire de Diogène Laërce VI, 70-71*, Paris, Vrin, 1986.

—, « Un syllogisme stoïcien sur la loi dans la doxographie de Diogène le Cynique. À propos de Diogène Laërce VI 72 », *Rheinisches Museum für Philologie* 125, 1982, p. 214-240.

—, « Les Cyniques grecs », *Revue de philologie, de littérature et d'histoire anciennes* 52, 1978, p. 112-120.

HELMER É., « Les cyniques : une économie de la frugalité », *Revue de philosophie économique* 2014/2, vol. 15, p. 3-33.

HUSSON S., « Peut-on être riche et cynique ? », dans Helmer É. (dir.), *Richesse et pauvreté chez les philosophes de l'Antiquité*, Paris, Vrin, 2016, p. 125-146.
—, « "Revêtir la vie des chiens", l'animal comme modèle moral », *Archai* 11, 2013, p. 69-78.
—, *La* République *de Diogène. Une cité en quête de la nature*, Paris, Vrin, 2011.
MEILLAND J.-M., « L'anti-intellectualisme de Diogène le Cynique », *Revue de théologie et de philosophie* 115, 1983, p. 233-246.
MOLES J. L., « The Cynics and Politics », dans Laks A., Schofield, M. (éd.), *Justice and Generosity. Proceedings of the Sixth Symposium Hellenisticum*, Cambridge, Cambridge University Press, 1995, p. 129-160.
—, « Le cosmopolitisme cynique », dans Goulet-Cazé M.-O., Goulet R. (dir.), *Le Cynisme ancien et ses prolongements*, Paris, Puf, 1993, p. 259-280.
RICH A. N. M., « The Cynic Conception of AUTARKEIA », *Mnemosyne* 9, 1956, p. 23-29.
TSOUNA MACKIHARAN V., « The Socratic Origins of the Cynics and Cyrenaics », dans Vander Waerdt P. A. (éd.), *The Socratic Movement*, Ithaca, Cornell University Press, 1994, p. 367-391.

Sur les aspects rhétoriques du cynisme antique

BRAHMAN R. B., « Diogenes' Rhetoric and the Invention of Cynicism », dans Goulet-Cazé M.-O., Goulet R. (dir.), *Le Cynisme ancien et ses prolongements*, Paris, Puf, 1993, p. 445-473.
GIANGRANDE L., *The Use of spoudaiogeloion in Greek and Roman Literature*, The Hague-Paris, De Gruyter Mouton, 1972.

HOCK R. F., « Cynics and Rhetoric », dans Porter S. E. (éd.), *Handbook of Classical Rhetoric in the Hellenistic Period*, Leiden-New York-Cologne, Brill, 1997, p. 755-773.

HUSSON S., « *Parrhèsia* socratique et *parrhèsia* cynique : le cas de l'injure », *Cahiers « Mondes anciens »* [en ligne], n° 5, 2014, mis en ligne le 14 février 2014. URL : http://mondesanciens.revues.org/1256 ; DOI : 10.4000/mondesanciens.1256

Sur les autres philosophes antiques mentionnés

BÉNATOUÏL T., *Les Stoïciens III. (Musonius, Épictète et Marc Aurèle)*, Paris, Les Belles Lettres, « Figures du savoir », n° 45, 2009.

BONAN R., *Platon*, Paris, Les Belles Lettres, « Figures du savoir », n° 57, 2014.

BRANCACCI A., *Antisthène. Le Discours propre*, Paris, Vrin, 2005.

ILDEFONSE F., *Les Stoïciens I. (Zénon, Cléanthe, Chrysippe)*, Paris, Les Belles Lettres, « Figures du savoir », n° 25, 2000.

VEILLARD C., *Les Stoïciens II. Le stoïcisme intermédiaire (Diogène de Babylonie, Panétius de Rhodes, Posidonius d'Apamée)*, Paris, Les Belles Lettres, « Figures du savoir », n° 58, 2015.

Sur la postérité et l'actualité du cynisme antique

BELLEGUIC T., « Figures et pouvoirs de l'abject : *Le Neveu de Rameau* ou les avatars de Narcisse », *Man and Nature / L'Homme et la Nature*, vol. 11, 1992. URL : http://id.erudit.org/iderudit/1012668ar ; DOI : 10.7202/1012668ar

BIEHUES-PRÖBSTING H., « The Modern reception of Cynicism : Diogenes in the Enlightenment », dans Goulet-Cazé M.-O., Bracht Branham R. (eds.), *The Cynics. The Cynic Movement and its Legacy*, Berkeley – Los Angeles, University of California Press, 1996, p. 329-365.

BILLOUET P., *Foucault*, Paris, Les Belles Lettres, « Figures du savoir », n° 16, 1999.

CUTLER I., *Cynicism from Diogenes to Dilbert*, Jefferson (North Carolina), McFarland, 2005.

D'HONDT J., « Le cynisme de Rameau », *Recherches sur Diderot et sur l'Encyclopédie* [en ligne], n° 36, 2004, mis en ligne le 14 septembre 2009. URL : http://rde.revues.org/287 ; DOI : 10.4000/rde.287

FOUCAULT M., *Le Courage de la vérité. Le gouvernement de soi et des autres*, vol. II, cours au Collège de France, 1984, Paris, EHESS/Gallimard/Seuil, 2009.

—, *Discours et vérité*, Paris, Vrin, 2016.

HELMER É., *Diogène et les cyniques ou la liberté dans la vie simple*, Neuvy-en-Champagne, Le Passager clandestin, 2014.

LE BLANC G., *Que faire de notre vulnérabilité ?*, Montrouge, Bayard, 2011.

MATTON S., « Cynicism and Christianity from the Middle Ages to the Renaissance », in Goulet-Cazé M.-O., Bracht Branham R. (eds.), *The Cynics. The Cynic Movement and its Legacy*, Berkeley – Los Angeles, University of California Press, 1996, p. 240-264.

NIETZSCHE F., *Œuvres*, Paris, Flammarion, 2000.

SALANSKIS E., *Nietzsche*, Paris, Les Belles Lettres, « Figures du savoir », n° 60, 2015.

SHEA L., *The Cynic Enlightenment. Diogenes in the Salon*, Baltimore, Johns Hopkins University Press, 2010.

STAROBINSKI J., « Diogène dans *Le Neveu de Rameau* », *Stanford French Review*, Fall 1984, n° 8 (2-3), p. 147-165.

Index nominum

Index rerum

Table des matières

Du même auteur

Richesse et pauvreté chez les philosophes de l'Antiquité (dir.), Paris, Vrin, 2016.

Le Dernier des hommes. Figures du mendiant en Grèce ancienne, Paris, Le Félin, 2015.

Diogène et les cyniques ou la liberté dans la vie simple, Neuvy-en-Champagne, Le Passager clandestin, 2014.

Épicure ou l'économie du bonheur, Neuvy-en-Champagne, Le Passager clandestin, 2013.

La Part du bronze. Platon et l'économie, Paris, Vrin, 2010.

Platon. La République. Livre II (traduction et commentaire), Paris, Ellipses, 2006.

Ce volume a été mis en pages
par Pixellence
59100 Roubaix

Ce volume,
le soixante-deuxième de la collection
« Figure du savoir »
publié aux Éditions Les Belles Lettres
a été achevé d'imprimer
en janvier 2023
sur les presses
de La Manufacture Imprimeur
52200 Langres, France

N° d'éditeur : 10464
N° d'imprimeur : 230009
Dépôt légal : janvier 2023